Analisi dell'evoluz

Andreea-Roxana Danci

Analisi dell'evoluzione della performance finanziaria.

Approcci teorici e pratici

ScienciaScripts

Imprint

Any brand names and product names mentioned in this book are subject to trademark, brand or patent protection and are trademarks or registered trademarks of their respective holders. The use of brand names, product names, common names, trade names, product descriptions etc. even without a particular marking in this work is in no way to be construed to mean that such names may be regarded as unrestricted in respect of trademark and brand protection legislation and could thus be used by anyone.

Cover image: www.ingimage.com

This book is a translation from the original published under ISBN 978-620-8-01236-6.

Publisher:
Sciencia Scripts
is a trademark of
Dodo Books Indian Ocean Ltd. and OmniScriptum S.R.L publishing group

120 High Road, East Finchley, London, N2 9ED, United Kingdom
Str. Armeneasca 28/1, office 1, Chisinau MD-2012, Republic of Moldova, Europe

ISBN: 978-620-8-32567-1

Copyright © Andreea-Roxana Danci
Copyright © 2024 Dodo Books Indian Ocean Ltd. and OmniScriptum S.R.L publishing group

Astratto

L'analisi dell'evoluzione della performance finanziaria di qualsiasi entità economica è essenziale per la comprensione ottimale della salute finanziaria, consentendo sia l'identificazione delle tendenze essenziali e dei fattori che influenzano l'azienda, sia la presa di decisioni strategiche e informate per il suo futuro.

Il presente studio si propone di valutare questa complessa nozione per una specifica società del settore alberghiero e della ristorazione, secondo il codice CAEN, quotata alla Borsa di Bucarest, avendo come punto di partenza i bilanci disponibili per il periodo 2020-2022.

Con l'aiuto della metodologia analitico-diagnostica, saremo finalmente in grado di emettere giudizi di valore pertinenti, tenendo anche conto del fatto che durante il periodo analizzato, l'industria turistica rumena è stata, in misura considerevole, colpita dallo scoppio della pandemia di Covid-19, nonché dalla guerra ai confini del nostro Paese. In questo modo, saremo in grado di accertare il modo in cui la condizione finanziaria dell'azienda in questione è stata influenzata.

Contenuti

Abbreviazione

ROE, rendimento del capitale proprio

ROA, rendimento delle attività

EBIT, utile prima degli interessi e delle tasse

Desidero esprimere la mia più profonda gratitudine alla mia famiglia, che mi ha sostenuto incondizionatamente durante tutto questo percorso accademico. Senza il vostro amore, la vostra comprensione e il vostro costante incoraggiamento, non sarei stata in grado di raggiungere questo importante traguardo. Voi siete le mie fondamenta e questo libro è dedicato a voi.

Vorrei anche ringraziare la mia professoressa per la sua preziosa guida. La sua pazienza, saggezza e competenza mi hanno fornito la direzione necessaria per portare a termine con successo questo lavoro. Le sono profondamente grato per tutto il sostegno che mi ha offerto e per la fiducia che ha dimostrato nei miei confronti.

Questo risultato non è solo il culmine del mio lavoro, ma anche un riflesso del sostegno e della fiducia che tutti voi mi avete dato incondizionatamente.

Introduzione

L'analisi delle performance finanziarie di un'azienda è uno strumento essenziale per comprenderne lo stato di salute e il successo in un ambiente commerciale dinamico e competitivo. La valutazione di queste performance mostra chiaramente l'efficienza operativa, la stabilità finanziaria e la capacità di generare profitti a lungo termine. Il presente documento si propone di analizzare l'evoluzione della performance finanziaria di Turism Felix S.A., un attore chiave del settore turistico rumeno della balneoterapia, nel periodo compreso tra il 2020 e il 2022.

Turism Felix S.A., quotata alla Borsa di Bucarest, ha affrontato sfide significative negli ultimi anni, tra cui l'impatto della pandemia Covid-19 e gli effetti della guerra ai confini della Romania. Questi eventi hanno influenzato direttamente la performance finanziaria dell'azienda, incidendo sui ricavi e sulle spese. In questo contesto, l'analisi finanziaria diventa essenziale per identificare i fattori che hanno guidato l'evoluzione dei risultati finanziari e formulare adeguate strategie di sviluppo.

Il documento includerà una valutazione dettagliata della performance finanziaria di Turism Felix S.A., utilizzando metodologie di analisi diagnostica e indicatori rilevanti come il Return on Assets (ROA) e il punteggio Z-Altman per la valutazione del rischio di fallimento. Esamineremo i documenti finanziari essenziali, come il conto economico e lo stato patrimoniale, per comprendere il rapporto tra ricavi e costi, nonché il loro impatto sulla redditività e sulla liquidità dell'azienda.

Attraverso questa analisi, ci proponiamo di fornire una prospettiva completa sulla performance finanziaria di Turism Felix S.A., contribuendo così a una comprensione profonda dei fattori che influenzano il successo e la sostenibilità a lungo termine dell'azienda. Inoltre, ci auguriamo che questo studio serva da riferimento per altre entità del settore turistico e non solo, in termini di implementazione di pratiche di gestione finanziaria efficienti e di adattamento strategico alle sfide dell'attuale contesto economico.

"La capacità di un'azienda di generare ricchezza e sostenere la crescita è la misura ultima del suo successo".

- Henry Ford

Capitolo 1. La performance finanziaria di un'azienda

La performance finanziaria di un'azienda è essenziale nell'ambiente economico contemporaneo, in quanto fornisce una prima panoramica della salute e del successo di un'impresa. È inoltre uno strumento indispensabile per prendere decisioni strategiche e adattarsi ai cambiamenti del contesto economico globale.

Secondo (Achim & Borlea, 2012)la letteratura specializzata non fornisce una definizione chiara di questo concetto. Invece, il termine "performance" viene definito in modo sintetico o interpretato in uno stile particolare da vari ricercatori. Ad esempio, nel 1965, Anthony I. ha introdotto un primo approccio a questa idea, affermando che la performance si misura solo con l'aiuto di due componenti relativamente facili da interpretare: efficienza ed efficacia.

Allo stesso modo, Porter M. (1986) ha suggerito che la performance può essere misurata dalla capacità di un'azienda di creare valore per i clienti. Nel corso del tempo sono quindi emersi diversi pareri e approcci di ricerca, che si sono rivelati estremamente ampi a causa della loro evoluzione. Tuttavia, la maggior parte degli studi ha dimostrato che nell'economia moderna le entità sono dominate principalmente dalla performance e dal valore.

L'inizio del XXI secolo era incentrato sull'idea che la performance si riferisse esclusivamente alla creazione di valore per gli azionisti. Tuttavia, il periodo dal 2005 a oggi ha portato a comprendere che un'azienda è considerata altamente performante quando, oltre agli interessi degli azionisti, persegue anche altri indicatori specifici per gli stakeholder, come la soddisfazione dei clienti, le opinioni dei dipendenti e la tutela dell'ambiente (ESG).

Il documento più utile per analizzare i risultati finanziari di un'entità è il Conto economico, che può essere integrato da varie note esplicative che dettagliano le informazioni sull'andamento dell'azienda.

Il conto economico fornisce un quadro chiaro del rapporto tra entrate e uscite, facilitando così la valutazione della performance finanziaria di un'azienda in un determinato periodo di tempo. Questo documento fornisce inoltre informazioni essenziali per prendere diverse decisioni in merito alle operazioni dell'azienda, aiutando la direzione a identificare le aree di miglioramento e a implementare determinate tattiche per massimizzare la redditività.

Infine, ma non meno importante, attraverso il profitto o la perdita riflessi nel P&L, si può stabilire un chiaro collegamento con lo stato patrimoniale, un altro documento essenziale per qualsiasi azienda del settore. In questo modo il livello del patrimonio netto subirà un aumento o una diminuzione, il che rappresenta un'ottima prima indicazione per gli azionisti riguardo alle loro risorse.

L'analisi della performance finanziaria di qualsiasi azienda può essere suddivisa in diverse categorie. Indipendentemente dal settore di attività dell'azienda, inizialmente è necessaria un'analisi complessiva, in cui si evidenziano l'evoluzione e i cambiamenti strutturali della performance e si classificano i ricavi, i costi e i risultati, partendo esclusivamente dalle informazioni fornite dal conto economico.

Poi, poiché tutti questi indicatori precedentemente menzionati possono essere facilmente confrontati nel tempo, l'analisi dell'evoluzione delle prestazioni finanziarie completa questo approccio, mostrando gli aumenti o le diminuzioni delle prestazioni da un anno all'altro, utilizzando gli indici a catena come principale strumento di lavoro. Inoltre, per un'analisi più dettagliata delle performance finanziarie, è necessaria anche un'analisi strutturale delle stesse, attraverso la quale sarà possibile identificare facilmente il contributo di ciascuna attività all'interno dell'azienda analizzata, nonché in che misura esse abbiano influenzato positivamente o negativamente i risultati di un esercizio.

Oltre all'analisi del conto economico, per una valutazione completa della performance finanziaria di un'azienda si possono includere le seguenti informazioni supplementari:

L'analisi dei flussi di cassa fornisce un quadro chiaro della liquidità dell'azienda, evidenziando la sua capacità di generare liquidità dalle attività operative, di investimento e di finanziamento. È essenziale per capire come l'azienda finanzia le sue operazioni quotidiane e gestisce le sue risorse finanziarie.

Indicatori di redditività:

- Return on Equity (ROE) e Return on Assets (ROA): questi indicatori misurano l'efficienza con cui l'azienda utilizza le proprie risorse e le attività totali per generare profitti.

- Il margine di profitto lordo e il margine di profitto netto riflettono la capacità dell'azienda di convertire i ricavi in profitti dopo aver dedotto i costi diretti e totali.

Analisi della struttura del capitale:

- Rapporto di indebitamento: il rapporto tra il debito totale e il capitale proprio fornisce un'idea della struttura finanziaria dell'azienda e dei rischi associati al finanziamento del debito.

- Indice di copertura degli interessi: misura la capacità della società di coprire i costi degli interessi con l'utile operativo, indicando il rischio di insolvenza.

Per quanto riguarda la struttura di finanziamento della società analizzata nel periodo considerato, l'Allegato 5 mostra che Turism Felix S.A. si affida molto di più all'autofinanziamento che all'accensione di prestiti.

Il primo grafico illustra le passività finanziarie e gli accantonamenti dell'azienda negli anni dal 2020 al 2022, compresi i debiti a breve termine (inferiori a 1 anno), i debiti a lungo termine (superiori a 1 anno), gli accantonamenti e i risconti passivi. I debiti a breve termine costituiscono sempre la parte più consistente delle passività e mostrano un aumento graduale, che riflette una crescente dipendenza dal finanziamento a breve termine. Al contrario, i debiti a lungo termine diminuiscono leggermente nel 2021 e rimangono stabili nel 2022, indicando un approccio prudente all'indebitamento a lungo termine. Gli accantonamenti sono minimi e stabili, mentre i risconti passivi registrano un leggero aumento nel 2022, suggerendo obblighi futuri limitati ma in crescita.

Il secondo grafico evidenzia il patrimonio netto della società nello stesso periodo, che rimane notevolmente stabile in tutti e tre gli anni. Questa costanza del patrimonio netto indica che l'azienda sta bilanciando efficacemente le proprie finanze, mantenendo una solida base di capitale e gestendo al contempo le proprie passività. Nel complesso, i grafici mostrano un'azienda che gestisce con attenzione il proprio debito, con una solida base di capitale proprio, indicando una posizione finanziaria equilibrata e stabile.

Questo aspetto è certamente considerato favorevole, in quanto un'azienda che prende tali decisioni è probabile che sia "sana" dal punto di vista finanziario, sia a breve che a lungo termine. Inoltre, negli allegati è riportata un'analisi grafica delle principali categorie di passività.

Analisi degli indicatori di liquidità:

- Rapporti correnti e rapidi: questi indicatori mostrano la capacità dell'azienda di coprire i propri obblighi con le attività correnti e le liquidità disponibili.

Analisi degli indicatori di attività:

- Rotazione delle scorte, rotazione dei crediti e rotazione dei debiti: riflettono l'efficienza con cui l'azienda gestisce le scorte, i crediti e i debiti, con un impatto sulla liquidità e sulla redditività.

Analisi del rischio finanziario:

- Identificazione e valutazione dei rischi finanziari: questo include il rischio di credito, il rischio di liquidità e il rischio di mercato, nonché il modo in cui l'azienda gestisce questi rischi per mantenere la stabilità finanziaria.

Nel presente studio, ci concentreremo sull'evoluzione del Return on Assets (ROA), che, secondo la letteratura specializzata, è spesso equiparato alla performance aziendale. Infine, analizzeremo nel dettaglio il rischio di fallimento dell'azienda, considerando il contesto socio-demografico del periodo di analisi.

"Studia il passato se vuoi definire
il futuro".

- Confucio

Capitolo 2. Caso di studio di una società quotata alla Borsa di Bucarest

2.1 Panoramica dell'azienda

A. Nome, sede, forma giuridica e modalità di stabilimento

Con le origini della miracolosa acqua termale che risalgono al 1221, Turism Felix SA si trova nella parte nord-occidentale del Paese, a 9 km dalla città di Oradea, in una zona collinare con boschi di faggi e querce, a un'altitudine di 140 metri. Ha sede nella contea di Bihor, al 22 di Victoria Street, Băile Felix. Fondata il 15 ottobre 1990, opera come entità legale, rappresentando una società per azioni ai sensi della Legge n. 31/1990. Il codice unico di registrazione presso l'Ufficio del Registro del Commercio è 108526, mentre il numero e la data di registrazione presso l'Ufficio del Registro del Commercio sono J05/132/1991. All'inizio del 2023, la società aveva un capitale sociale sottoscritto e versato di 49.118.796,20 RON. Struttura azionaria al 5 aprile 2023:

Nome del titolare	Numero di aziende	Percentuale (%)
TRANSILVANIA INVESTMENTS ALLIANCE S.A. BRAȘOV	456.960.465	93.0317
Individui	28.875.467	5.8787
Persone giuridiche	5.352.030	1.0896
Totale	491.187.962	100

Tabella 1 Struttura azionaria

Fonte: https://www.turismfelix.eu/pag_rapoarte/TUFE_Structura_actionariat_05042023.pdf

Con un numero di 4.504 azionisti e un valore nominale di 0,1 RON/azione, la struttura di cui sopra mostra che essi detengono almeno il 10% del capitale sociale della società.

B. Breve storia

L'azienda è stata strutturata sul modello dell'ex Complesso Alberghiero e Ristorativo (CHR). Per un lungo periodo, in particolare tra il 1997 e il 2006, Turism

Felix è stata presente sul mercato azionario RASDAQ e poi, nel 2007, è stata quotata per la prima volta alla Borsa di Bucarest (BSE) con il simbolo TUFE. Nello stesso periodo, in particolare tra il 1997 e il 2005, il Fondo di proprietà dello Stato (FPS) e l'Autorità per l'amministrazione dei beni dello Stato (APAPS) hanno trasferito l'intero pacchetto di azioni detenute nel capitale sociale di Turism Felix S.A. al SIF Transilvania e al SIF Oltenia.

C. Attività commerciale

Turism Felix S.A. è specializzata in servizi turistici, cure termali e attività ricreative, rappresentando così l'attività principale della società secondo il codice CAEN 5510 - Alberghi e altre strutture ricettive simili. Oltre all'attività principale, Turism Felix svolge anche attività quali l'affitto di terreni e spazi per varie attività commerciali o di servizio sulla base di contratti stipulati con terzi; la ridistribuzione di servizi (acqua fredda, acqua calda, agente termico) a persone fisiche e giuridiche di Băile Felix sulla base di contratti.

Nello svolgimento della sua attività principale, il turismo termale, Turism Felix S.A. offre pacchetti di servizi che generalmente consistono in cure termali, alloggio e pasti. I pacchetti di servizi offerti variano a seconda del target specifico a cui sono rivolti.

Il resort Băile Felix vanta un'impressionante varietà di hotel, ognuno con caratteristiche distinte, ma tutti accomunati dall'impegno per la qualità del servizio e il comfort degli ospiti. Tra questi, l'Hotel Internațional ****, l'Hotel Termal ***, l'Hotel Nufărul ***, l'Hotel Poienița ***, l'Hotel Mureș ***, oltre a tre piscine (Apollo, Felix e Venus) e al Club Dark.

L'azienda dispone di 2.376 posti letto, 2.892 posti di ristorazione pubblica e cinque strutture di trattamento in grado di eseguire fino a 8.300 interventi al giorno. Offre inoltre sale conferenze con una capacità di 1.100 posti, strutture ricreative tra cui piscine e piscine all'aperto, un mini parco acquatico, club, campi sportivi, sale fitness, centri benessere, ecc.

Inoltre, Turism Felix detiene una partecipazione del 30,33% nel capitale sociale di Turism Lotus Felix S.A., che possiede l'unico complesso termale a cinque stelle in Romania (Lotus Therm SPA & Luxury Resort), situato a Băile Felix e inaugurato nell'ottobre 2015.

Per garantire i servizi medici, il Turism Felix dispone di cinque strutture di cura (Internaţional, Termal, Poieniţa, Mureş e Unirea). Le procedure di trattamento comprendono idroterapia, kinesiterapia, trazione, elettroterapia, inalazioni di aerosol, termoterapia, aromaterapia, massoterapia ecc.

D. Mercato e concorrenza

In termini di concorrenza, è ovvio che in Romania esistono numerose località turistiche incentrate principalmente sul segmento termale; le più note sono Băile Herculane, Sovata, Băile Olăneşti, Covasna, Vatra Dornei, Băile Tuşnad, Ocna Şugatag, Năvodari, Sângeorz Băi, Slănic Moldova, Mangalia e Soveja. La base turistica di queste località è costituita principalmente da complessi alberghieri costruiti prima del 1989, alcuni dei quali sono stati sottoposti a investimenti di ammodernamento in seguito all'acquisizione da parte di vari investitori.

Turism Felix S.A. individua in SIND România, riorganizzata in una joint venture, il suo principale concorrente. Questa joint venture comprende SC CSDR SIND Turism SRL e SC SIND Tour Trading SRL, società che possiedono beni nella località. SC SIND România è riconosciuta come una delle aziende più importanti del settore turistico in Romania. Il suo portafoglio comprende circa 20.000 posti letto, tra hotel e ville, prevalentemente di categoria due stelle, con un 10% situato a Băile Felix. Tuttavia, considerando il tipo di trattamento offerto da ciascun resort termale, non esiste una concorrenza diretta tra Turism Felix e questi resort, in quanto ciascuno è specializzato nella cura di disturbi specifici.

Pertanto, si può parlare di concorrenza diretta solo a livello locale, all'interno della località di Băile Felix, rivolgendosi principalmente allo stesso segmento di clientela che ricerca le specifiche proprietà curative dell'acqua termale della località. Vale la pena ricordare che l'azienda è proprietaria delle sorgenti di acqua termale del resort Băile Felix grazie alla concessione dello Stato per un periodo di 20 anni.

I principali distributori di prodotti turistici di base sono stati: nel mercato interno, SC Transilvania Hotels & Travel SA Bucureşti si è distinta come principale tour operator, insieme a SC Exim Tour SRL, SC Sejur Perfect SRL, SC Bibi Touring SRL, SC International Turism & Trade SRL, SC Accent Travel & Events SRL e SC Nova Travel SRL. Queste società hanno offerto trattamenti termali per gli assicurati della Casa nazionale delle pensioni pubbliche e della Casa di assicurazione sanitaria della contea di Bihor. Sul mercato internazionale, i sistemi di prenotazione online hanno effettuato prenotazioni di servizi alberghieri per Paesi come Germania, Israele, Austria, ecc.

E. Attività di marketing

In termini di promozione, l'azienda è maggiormente visibile attraverso il suo sito web ufficiale, dove i clienti possono trovare facilmente tutte le informazioni necessarie e scegliere il servizio desiderato. Inoltre, per adattarsi alle esigenze della società moderna, è attiva su diverse piattaforme di social media, attraverso le quali cerca di farsi vedere e ascoltare da tutti i potenziali clienti.

Tra gli slogan e i motti dell'azienda balneologica, troviamo l'enfasi sulle proprietà significative dell'acqua termale. Queste includono:

"I rumeni hanno le carte in regola per guarire a casa loro!",

"L'acqua porta la guarigione",

"La Romania ha un patrimonio termale secolare",

"Abbiamo portato da soli in Romania i premi internazionali per l'industria del balneo e della SPA. Non vogliamo lasciare che prendano polvere", ecc.

La commercializzazione dei prodotti turistici (esclusi i contratti con la Casa Nazionale delle Pensioni Pubbliche e le aziende non turistiche) è stata effettuata anche attraverso Transilvania Hotels & Travel SA di Bucarest, l'agenzia di tour operator responsabile della gestione degli alloggi e dei locali pubblici del portafoglio turistico del SIF Transilvania, di cui fa parte Turism Felix SA.

Per quanto riguarda la ridistribuzione dell'energia termica e del mercato dell'acqua calda e domestica, si rivolge sia alle persone giuridiche che ai privati di Băile Felix. Le reti di riscaldamento e idriche dell'azienda rendono la distribuzione vincolata. Tra i principali beneficiari vi sono SC CSDR Sind Turism SRL, SC SIND Tour Trading SRL, SC Transilvania Tour SA e l'Ospedale di riabilitazione di Băile Felix.

F. Responsabilità sociale

La Responsabilità Sociale d'Impresa (RSI) è un concetto attraverso il quale le aziende si impegnano a contribuire al benessere sociale e allo sviluppo sostenibile al di là della semplice generazione di profitti. Ciò implica l'adozione di un comportamento etico e trasparente, che tenga conto dell'impatto delle attività dell'azienda sulla comunità, sull'ambiente e sugli altri stakeholder.

Attraverso le sue politiche di gestione integrata qualità-ambiente, salute e sicurezza sul lavoro, Turism Felix S.A. dimostra l'importanza di garantire un clima organizzativo in cui tutte le parti interessate: dipendenti, azionisti, clienti, fornitori, comunità e ambiente, possano interagire in modo efficiente e responsabile sia dal punto di vista economico che sociale.

Per quanto riguarda la responsabilità nei confronti dei dipendenti, l'azienda si distingue per garantire un ambiente di lavoro adeguato e una retribuzione motivante, offrendo opportunità di sviluppo professionale e personale, mantenendo un dialogo continuo con i dipendenti per migliorare i processi e aumentare le prestazioni organizzative, rispettando la dignità umana di ciascun dipendente, nonché tutti i diritti derivanti da questo status.

Prendendo come riferimento l'anno 2020, quando è scoppiata la pandemia di Covid-19, possiamo affermare che il settore alberghiero è stato colpito in modo significativo. Tuttavia, Turism Felix ha adottato una serie di importanti misure di responsabilità sociale, tra cui:

- Sviluppare e implementare le proprie istruzioni per la salute e la sicurezza sul lavoro per prevenire e controllare la contaminazione, formare il personale, fornire dispositivi di protezione specifici per ogni luogo di lavoro e garantire prodotti biocidi disinfettanti per il personale.

- Effettuare uno screening epidemiologico giornaliero dei dipendenti prima di iniziare il lavoro.

- Sviluppo di procedure di sicurezza sanitaria per la prevenzione e il controllo della contaminazione da virus SARS-CoV-2 per ogni settore di attività: hotel, ristorazione pubblica, cure termali e attività ricreative.

- Posizionare tappetini imbevuti di soluzioni disinfettanti in tutti i punti di accesso alle unità.

- Installazione di dispenser di disinfettanti biocidi per i turisti in tutte le aree di accesso e negli spazi comuni.

- Installazione di protezioni in plexiglass nei ricevimenti degli hotel e dei centri di cura.

- Segnalare le linee di distanza fisica e i corridoi di circolazione nelle aree affollate.

Sono state pianificate e organizzate le principali attività di tutela ambientale, volte a prevenire l'inquinamento, a ridurre i rischi di incidenti ambientali nei siti dell'azienda e a garantire la conformità alle disposizioni di legge vigenti. L'azienda ha stipulato contratti con fornitori di servizi autorizzati per:

- Servizi di gestione dei rifiuti non pericolosi: domestici, industriali e riciclabili, in collaborazione con Eco Bihor SRL.

- Controllo e decontaminazione dei separatori di grassi e raccolta dei rifiuti generati dai punti di lavoro con Ecologic Solution Prod SRL.

- Raccolta e distruzione dei rifiuti derivanti da attività mediche con Ecobyo Impex SRL.

- Raccolta e neutralizzazione di prodotti/sottoprodotti di origine animale non destinati al consumo umano con Alvi Serv SRL.

Promuovendo i principi di un'azienda responsabile nei confronti della comunità, Turism Felix S.A. è coinvolta nella vita comunitaria attraverso attività di sponsorizzazione e mecenatismo, fornendo aiuti finanziari umanitari e partecipando come partner a diversi programmi sociali condotti a livello comunitario. Le aree prioritarie in cui l'azienda ha scelto di impegnarsi sono l'istruzione, la salute, l'assistenza sociale, le azioni umanitarie e l'ambiente.

G. Governo societario

La corporate governance si riferisce ai principi, alle regole e alle pratiche con cui un'azienda è diretta e controllata. Comprende le strutture decisionali, i rapporti tra azionisti e management, la trasparenza informativa e la responsabilità degli stakeholder. La governance aziendale mira a garantire una gestione efficiente ed etica, contribuendo al valore e alla sostenibilità di un'azienda.

Il direttore generale è il più alto dirigente di un'azienda. Risponde direttamente al consiglio di amministrazione dell'azienda e guida l'organizzazione verso il raggiungimento degli obiettivi a lungo termine, avendo la responsabilità di garantire il successo e la crescita sostenibile dell'impresa. In un sistema unitario, la società è gestita da un Consiglio di amministrazione, un organo di gestione collegiale composto da 5 membri temporanei e revocabili, che possono essere persone fisiche e/o giuridiche. L'assemblea generale degli azionisti è l'organo supremo di governo della società, che decide sulle sue attività e stabilisce e garantisce le sue politiche economiche e di mercato.

Il direttore è responsabile dell'attuazione delle decisioni dell'Assemblea generale degli azionisti, delle decisioni del Consiglio di amministrazione e delle proprie decisioni, garantendo il rispetto delle disposizioni di legge attraverso l'attuazione delle procedure interne.

L'azienda organizzerà la propria attività di revisione interna attraverso il Comitato di revisione, composto da 3 membri, in conformità alle disposizioni di legge vigenti. A tal fine, si avvarrà dei servizi di un revisore contabile, persona fisica o giuridica, a seconda dei casi.

Il Comitato per le nomine e le remunerazioni (ROF) è composto anche da 3 membri, la cui attività essenziale è l'applicazione della politica retributiva. Questa politica descrive l'approccio formale utilizzato da Turism Felix S.A. per determinare la remunerazione degli amministratori esecutivi con contratto di mandato e dei membri del suo Consiglio di Amministrazione, seguendo le disposizioni della Legge n. 24/2017 sugli emittenti di strumenti finanziari e sulle operazioni di mercato, con successive modifiche e integrazioni.

Questa politica mira a fornire una panoramica trasparente dei principi e dei metodi di remunerazione utilizzati dall'azienda per garantire l'attrazione, il mantenimento e la motivazione dei migliori professionisti, definendo così un sistema di gestione per obiettivi.

La remunerazione dei membri del Consiglio di amministrazione è costituita da due componenti principali: la remunerazione fissa e la remunerazione variabile, in conformità alla Politica retributiva della società. La remunerazione fissa mensile dei membri del Consiglio di amministrazione è determinata dalla delibera dell'Assemblea generale ordinaria degli azionisti (O.G.M.S.) per ogni esercizio finanziario e non è subordinata al raggiungimento di criteri di performance. La remunerazione variabile, invece, è un'indennità aggiuntiva erogata dalla società, tenendo conto dei criteri di performance qualitativa e quantitativa stabiliti dall'Assemblea generale ordinaria degli azionisti che ha approvato l'esercizio precedente. L'O.G.M.S. approva l'importo massimo della remunerazione variabile e non può superare il 7,5% dell'utile lordo.

2.2 Analisi dell'evoluzione della performance finanziaria

Per analizzare l'evoluzione della performance finanziaria di Turism Felix S.A., si utilizzeranno le informazioni del conto economico dell'azienda per un periodo di 3 anni per delineare ogni elemento di ricavi e costi.

2021 VS 2020

Facendo un primo confronto tra il 2021 e il 2020, si osservano i seguenti aspetti importanti:

- In generale, in tutta l'attività, si registra un forte aumento del risultato lordo (del 1573,38%), influenzato dall'incremento delle entrate totali (I=158,8%) dopo l'anno della pandemia, a un ritmo più veloce rispetto all'aumento delle spese totali (I=140,43%) nello stesso anno (2021).

- Tra le due categorie di attività, il raggiungimento di un tale risultato lordo è dovuto principalmente all'aumento del risultato operativo, che ha registrato un incremento di otto volte (I=801,99%) rispetto all'anno precedente. Per quanto riguarda il risultato finanziario, invece, si osserva una massiccia riduzione della perdita del 95,7% rispetto al 2020 (I=4,3%).

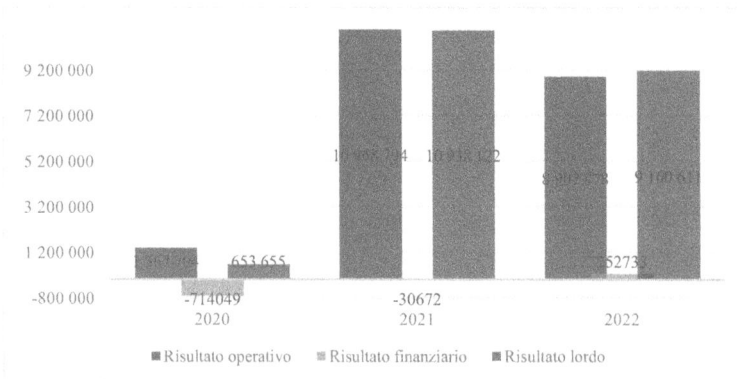

Grafico 1: Evoluzione dei risultati per attività e risultato lordo
Fonte: Elaborazione personale sulla base del conto economico della società

- Dal punto di vista delle attività operative, il risultato lordo dell'esercizio è stato influenzato da una serie di fattori, sia positivi che negativi, quali:
  - ◆ Il fatturato netto è aumentato del 52,79% (I=152,79%) rispetto all'anno base, confermato dall'accelerazione della crescita delle vendite. Questa è stata l'attività effettiva predominante, aumentando di quasi il 54% (I=

20

153,97%) nel 2021. Allo stesso tempo, i ricavi dalla vendita di beni hanno rappresentato un importante fattore positivo in questo senso, seguendo anch'essi una tendenza al rialzo, raggiungendo un livello superiore del 50,8% (I=150,8%), superando così l'aumento delle spese per i beni, che hanno registrato un incremento di solo il 39,04%.

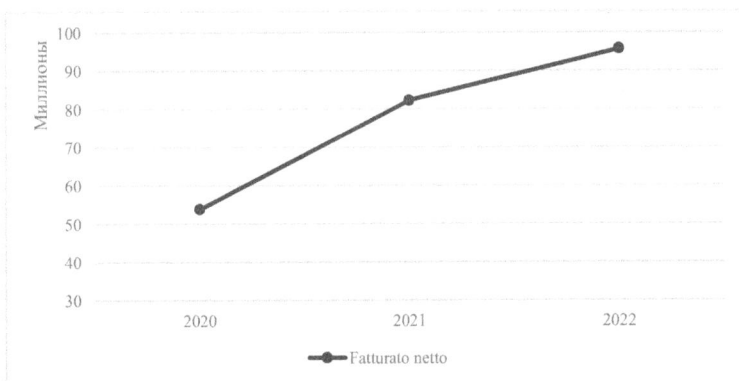

Grafico 3 Evoluzione del fatturato netto

Fonte: Elaborazione personale sulla base del conto economico dell'azienda

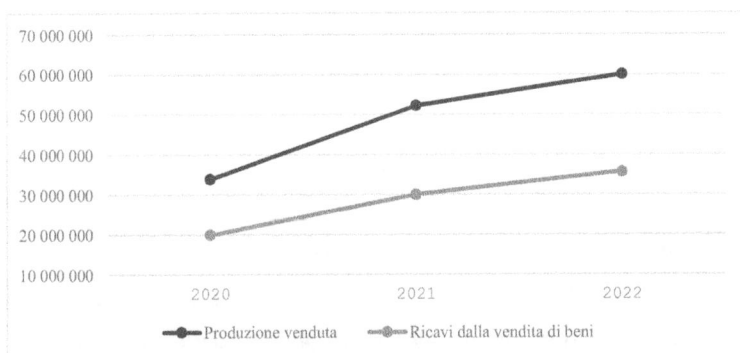

Grafico 2 Evoluzione dei fattori determinanti del fatturato netto

Fonte: Elaborazione personale sulla base del conto economico della società

> I ricavi relativi ai costi di produzione in corso mostrano un saldo attivo di circa 2 volte superiore (I=213,93%), riflettendo chiaramente che la produzione ha ristagnato in modo significativo nell'anno della pandemia 2020.

> D'altra parte, un aspetto negativo primario per quanto riguarda i ricavi operativi è la forte diminuzione della produzione di capitale fisso e degli investimenti immobiliari, che sono scesi di ben l'80,06% nel 2021 (I=19,94%).

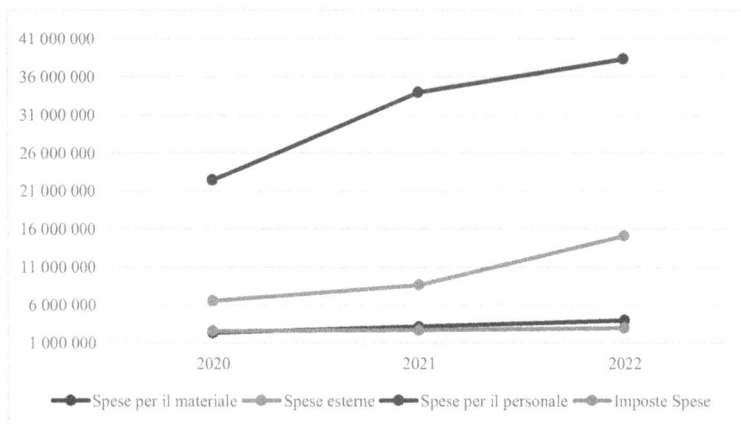

Grafico 4 Evoluzione delle spese operative più significative (OpEx)

Fonte: Elaborazione personale sulla base del conto economico dell'azienda

↯ Considerando le spese operative, possiamo notare che la maggior parte di esse ha subito un aumento, ad eccezione degli sconti commerciali ricevuti, che sono diminuiti del 69,16% (I=169,16%), e delle altre spese derivanti da questa attività, che sono diminuite del 44,16% (I=144,16%) rispetto al 2020.

↯ Un altro aspetto importante da menzionare è la spesa per altre imposte, tasse e tributi simili, nonché le spese operative che hanno registrato un leggero aumento di solo il 2,49% (I=102,49%). Questo dato può essere considerato favorevole se si considera la percentuale e il contesto dell'anno analizzato, che è proprio l'anno successivo alla crisi pandemica.

➕ Nel complesso, le rettifiche di valore delle attività correnti hanno registrato un aumento straordinario di circa 187 volte (I=18.729.56%), e anche le spese relative a tali rettifiche hanno registrato un aumento massiccio del 2092,12% (I=2192,12%).

➕ Le spese per le materie prime e i materiali di consumo hanno avuto un aumento relativamente normale dato il contesto degli anni analizzati (I=132,77%), ma le spese per altri materiali hanno portato l'azienda ad aumenti di quasi 4 volte (I=361,20%).

➕ Sia le spese per gli stipendi e le indennità, sia quelle relative alle assicurazioni e alla protezione sociale, che insieme formano il totale delle spese per il personale, hanno portato a un aumento di oltre il 50% (I=151,44%) nel 2021. Ciò è stato probabilmente causato dal ritorno al lavoro dei dipendenti e dalle nuove norme salariali e fiscali post-pandemia.

➕ Nell'ambito dell'attività finanziaria, anche se i ricavi finanziari sono aumentati del 32,88% (I=132,88%) e gli oneri finanziari sono diminuiti del 68,25%

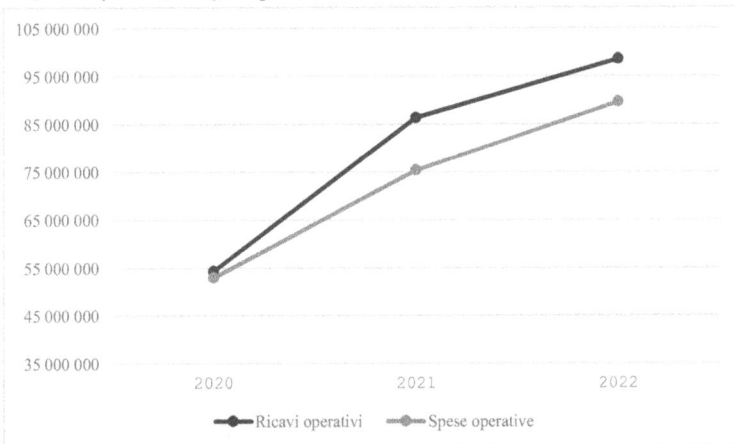

Grafico 5 Totale ricavi operativi vs. Totale costi operativi

Fonte: Elaborazione personale sulla base del conto economico dell'impresa

(I=31,75%), questi aspetti hanno comunque portato a una perdita per Turism Felix S.A. Tuttavia, questa perdita è stata significativamente ridotta del 95,7% rispetto all'anno precedente.

➤ Gli aspetti positivi più importanti si riscontrano nei ricavi da interessi, che sono aumentati rapidamente di circa 4,5 volte (I=455,69%) rispetto all'anno base, mentre le spese relative alle operazioni con titoli e altri strumenti finanziari sono diminuite di circa il 65% (I=35,29%). Gli altri oneri finanziari hanno registrato la riduzione più significativa, pari a ben il 93,35% (I=6,65%).

➤ Inoltre, nell'ambito di questa attività dell'azienda, fattori sfavorevoli hanno portato al mantenimento della perdita finanziaria. I ricavi degli investimenti finanziari a breve termine sono diminuiti drasticamente di quasi un terzo, passando da un valore lordo di circa 120.000 RON (I=33,99%).

➤ Analogamente, i ricavi da differenze di cambio hanno seguito una tendenza al ribasso di circa il 10% rispetto al 2020.

➤ Considerando le politiche post-pandemiche delle banche, anche gli interessi passivi hanno svolto un ruolo importante negli oneri finanziari, registrando un aumento del 26,08% (I=126,08%).

2022 vs 2021

♦ Anche se Turism Felix S.A. ha registrato un notevole profitto lordo nel 2021, nell'anno successivo è diminuito di quasi due milioni di RON, passando da 10.938.122 RON a 9.160.611 RON, con un calo del 16,25% (I=83,75%). Questa diminuzione è dovuta principalmente all'aumento delle spese totali (I=118,85%), che sono cresciute leggermente più velocemente delle entrate totali (I=114,42%).

♦ Inoltre, il raggiungimento di questo risultato lordo è stato influenzato da una riduzione delle attività operative di ben il 18,79% (I=81,21%). Nonostante l'attività finanziaria abbia registrato un utile per la prima volta nei tre anni analizzati, non ha influenzato in modo significativo il risultato lordo del 2022.

♦ Come già accennato, l'attività operativa è il principale fattore determinante della diminuzione dei risultati lordi nel 2022, ed è stata caratterizzata da:

➤ In primo luogo, il fatturato netto ha raggiunto un valore lordo superiore rispetto all'anno precedente, ma la sua crescita è stata solo del 16,34% (I=116,34%), un tasso molto più lento rispetto all'analisi degli anni precedenti.

➤ L'attività prevalente, ovvero la produzione venduta, mostra un aumento minore rispetto all'anno precedente (I=114,99%), mentre la crescita dei ricavi dalla vendita di beni del 18,67% (I=118,67%) rispetto al 2021 è stata superata dall'aumento delle spese per merci del 23,53% (I=123,53%).

➤ Inoltre, i ricavi relativi ai costi di produzione in corso continuano a presentare un saldo attivo, ma invece di raddoppiare rispetto al 2021, sono aumentati di circa il 55% (I=155,09%).

➤ Rispetto agli anni precedenti, l'azienda non registra più ricavi dalla produzione di immobilizzazioni e investimenti immobiliari. I fattori più dannosi in termini di ricavi sono stati i sussidi operativi, che sono diminuiti del 24%, e gli altri ricavi operativi, che hanno registrato un forte calo del 75,34% (da un valore lordo di 610.400 RON a 150.553 RON).

➤ Tra le categorie di spese operative, si possono osservare diversi aumenti significativi. In particolare, gli sconti commerciali ricevuti, che avevano subito un calo significativo negli anni precedenti, hanno registrato un aumento molto rilevante per l'azienda, quasi 1,4 volte rispetto al 2021.

➤ Inoltre, le spese esterne per l'energia e l'acqua sono aumentate in modo estremamente significativo, raggiungendo un valore lordo di 15.068.366 RON (circa il 75% in più rispetto all'anno precedente). Questo aumento potrebbe essere attribuito allo scoppio della guerra tra Russia e Ucraina vicino al confine con la Romania all'inizio del 2022.

➤ Le spese per altre imposte, tasse e tributi simili hanno registrato un aumento significativo, che può essere considerato un aspetto negativo, poiché nel 2021 erano aumentate solo del 2,49%, ma nel 2022 sono aumentate dell'11,48% (I=111,48%).

➢ Allo stesso modo, le altre spese operative hanno oscillato tra 280.912 RON e 173.522 RON e, dopo una diminuzione di quasi il 45% registrata nel 2021, sono aumentate nuovamente del 10,63% (I=110,63%) nel 2022.

➢ Tuttavia, si sono registrati anche alcuni aspetti favorevoli all'interno dell'attività operativa, tra cui una leggera diminuzione delle rettifiche di valore per le immobilizzazioni dell'1,66% (I=98,34%), le rettifiche di valore per le attività correnti che hanno raggiunto la soglia negativa di -5.487 RON e le rettifiche per gli accantonamenti che sono passate da 838.426 RON a 321.097 RON, con una diminuzione del 61,70% (I=38,3%).

🔥 Dal punto di vista dell'attività finanziaria, a livello globale, si può osservare che le entrate finanziarie sono raddoppiate (I=212,8%) rispetto al 2021, mentre le spese finanziarie hanno registrato un leggero aumento di solo il 2,47% (I=102,47%).

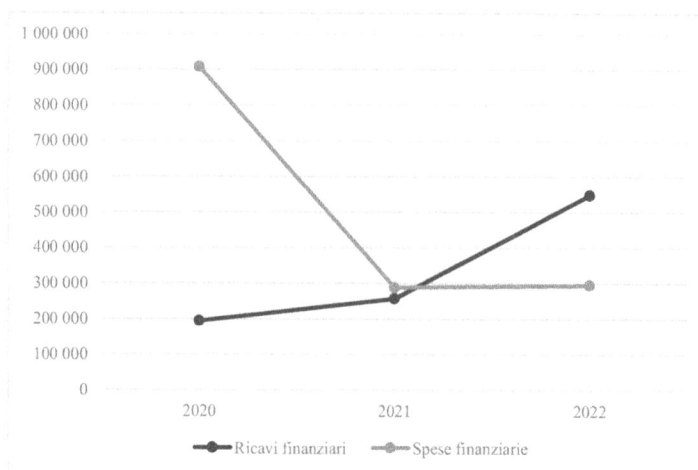

Grafico 6 Totale entrate finanziarie vs. Totale spese finanziarie

Fonte: Elaborazione personale sulla base del conto economico dell'azienda

➢ Tra i ricavi da differenze di cambio, dopo una leggera diminuzione nel 2021 rispetto al 2020, si è registrato un aumento significativo del 46,41%, molto probabilmente a causa della guerra in Ucraina, che ha portato a un deprezzamento della valuta nazionale rispetto alle valute estere.

➢ I ricavi da interessi hanno continuato a crescere, passando da 15.097 RON nel 2021 a 90.718 RON nell'anno successivo, pari a un aumento di ben 6 volte (I=600,9%).

➢ Le entrate da investimenti finanziari a breve termine sono triplicate nel 2022 rispetto all'anno precedente (I=319,05%), il che è estremamente positivo se si considera che nel 2021 avevano subito un calo significativo.

➢ Inoltre, le altre entrate finanziarie sono aumentate di circa il 70% (I=169,58%) rispetto al 2021, passando da un valore lordo di 138.211 RON a 234.383 RON.

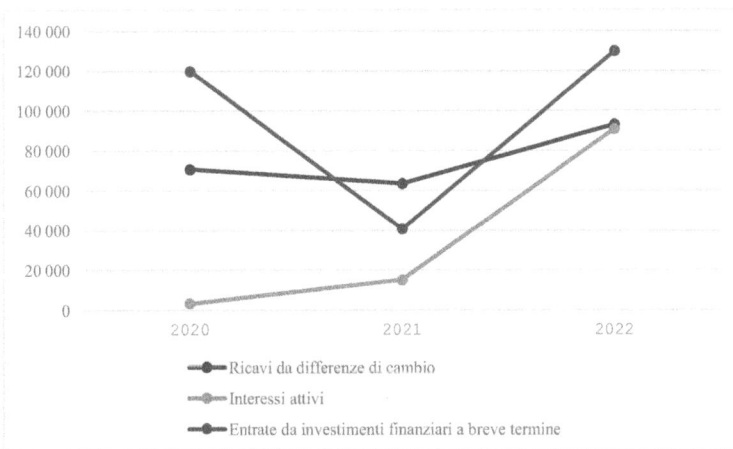

Grafico 7 Evoluzione delle principali entrate finanziarie

Fonte: Elaborazione personale sulla base del conto economico della società

➢ Tra gli oneri finanziari, i costi relativi alle operazioni con titoli e altri strumenti finanziari sono in continua diminuzione per tutto il periodo di analisi, raggiungendo solo 155.924 RON nel 2022, mentre gli interessi passivi continuano ad aumentare (ICHD=132,95%), ma a un ritmo molto più lento rispetto ai ricavi.

➢ L'aumento più significativo è stato osservato negli altri oneri finanziari che, dopo un forte calo di oltre il 90%, sono aumentati di ben 5,75 volte (IACF=575,54%) nell'ultimo anno di analisi.

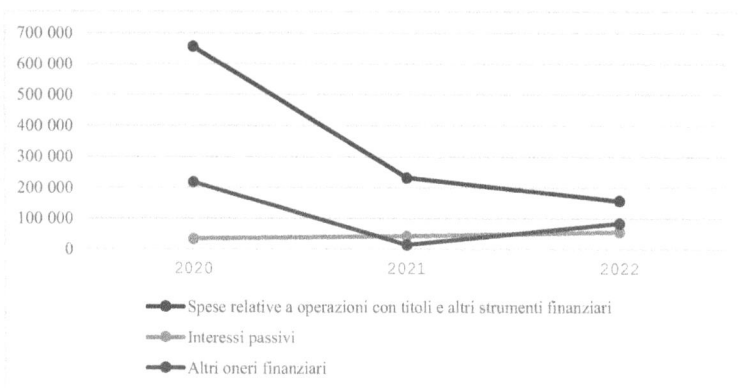

Grafico 8 Evoluzione degli oneri finanziari più significativi

Fonte: Elaborazione personale sulla base del conto economico dell'azienda

"L'efficienza è fare le cose bene;
l'efficacia è fare le cose giuste".

- Peter Drucker

Capitolo 3. Rendimento delle attività (ROA): Evoluzione e fattori determinanti nel periodo 2020-2022

Il rendimento delle attività (ROA) è un indicatore finanziario essenziale utilizzato per misurare l'efficienza con cui un'azienda utilizza le proprie attività per generare profitti. Calcolato come rapporto tra l'utile netto e il totale delle attività, il ROA fornisce un quadro chiaro della capacità di un'azienda di trasformare gli investimenti in attività in guadagni.

Il ROA è un indicatore chiave della performance finanziaria utilizzato da investitori e analisti per valutare l'efficienza operativa di un'azienda. Un ROA elevato indica che il management dell'azienda è in grado di utilizzare in modo efficiente le proprie attività per generare profitti, il che può attrarre gli investitori e aumentare la loro fiducia nell'azienda.

Con l'aiuto dell'Allegato 4, possiamo affermare che la struttura delle attività influenza in modo significativo il ROA, in quanto la composizione delle attività (correnti o fisse) influisce sull'efficienza dell'utilizzo delle risorse. Le immobilizzazioni di grandi dimensioni possono inizialmente ridurre il ROA, ma a lungo termine portano benefici se gestite in modo efficiente. Il settore è un altro fattore cruciale, con notevoli differenze nei livelli di ROA tra i settori ad alta intensità di capitale, come quello manifatturiero, e quelli a minore intensità di capitale, come i servizi.

Le attività sono le risorse economiche controllate da un'azienda, essenziali per le sue operazioni. Si dividono generalmente in attività fisse, come edifici e attrezzature, che sono investimenti a lungo termine, e attività correnti, come liquidità e scorte, che si prevede vengano convertite in denaro o utilizzate entro un anno.

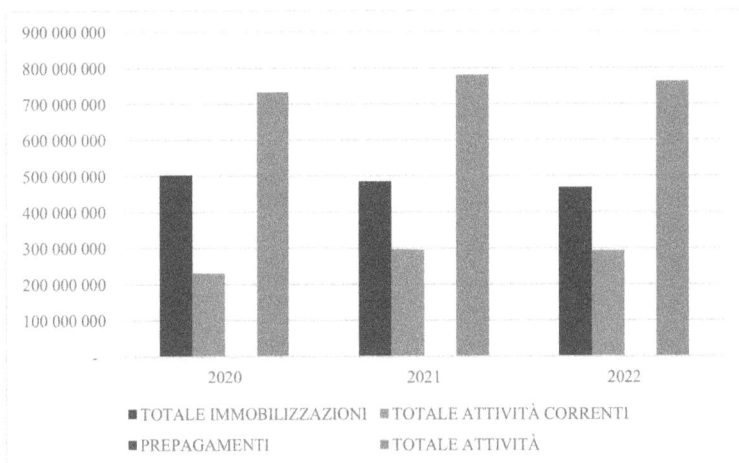

Grafico 9 Evoluzione del patrimonio aziendale
Fonte: Elaborazione personale sulla base del bilancio della società

Il grafico illustra l'evoluzione del totale delle attività fisse, del totale delle attività correnti, dei pagamenti anticipati e del totale delle attività di una società negli anni 2020, 2021 e 2022. Nel corso di questo periodo, si osserva un notevole aumento del totale delle attività, guidato principalmente dalla crescita del totale delle attività fisse, che mostra un aumento costante ogni anno. Al contrario, il totale delle attività correnti diminuisce leggermente tra il 2020 e il 2021 e rimane stabile nel 2022. I risconti attivi, pur presenti, sembrano essere minimi e non incidono in modo significativo sulla struttura complessiva dell'attivo. L'andamento complessivo suggerisce un'attenzione agli investimenti a lungo termine, come indicato dall'aumento delle immobilizzazioni, pur mantenendo un livello stabile di attività correnti. Questo equilibrio riflette un approccio strategico alla gestione degli attivi volto a sostenere la crescita.

Gli altri impianti, le attrezzature e i mobili rappresentano sempre la parte più consistente del totale delle immobilizzazioni, evidenziando i notevoli investimenti dell'azienda in infrastrutture operative essenziali. Gli Impianti tecnici e le Macchine, pur registrando un leggero calo nel corso degli anni, rimangono una componente significativa, sottolineando la dipendenza dell'azienda dai macchinari. Terreni e fabbricati mantengono valori costanti, sottolineando l'importanza degli immobili

31

all'interno del portafoglio di attività. Le Immobilizzazioni materiali in corso presentano valori minimi, a indicare progetti in fase iniziale o una minore attenzione ai nuovi sviluppi in questi anni. Nel complesso, la stabilità del totale delle immobilizzazioni, con fluttuazioni minime, suggerisce una strategia di investimento equilibrata e coerente, con particolare attenzione alla manutenzione e all'equipaggiamento delle attività operative principali.

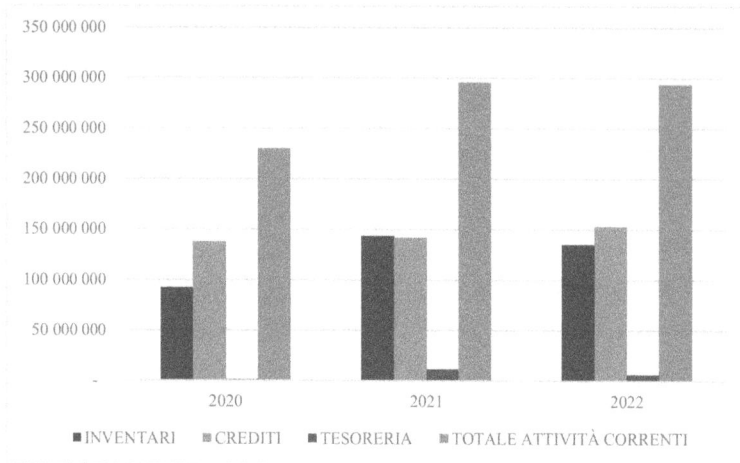

Grafico 10 Evoluzione delle attività correnti

Fonte: Elaborazione personale sulla base del bilancio della società

Il grafico illustra le variazioni dell'attivo circolante dell'azienda: scorte, crediti e tesoreria. Le scorte e i crediti sono entrambi in crescita, con le scorte che aumentano gradualmente ogni anno e i crediti che aumentano bruscamente nel 2021 prima di stabilizzarsi nel 2022. La Tesoreria, che riflette la liquidità e gli equivalenti di cassa, rimane costantemente bassa, suggerendo che l'azienda preferisce mantenere riserve di cassa minime. Come risultato di queste tendenze, il totale delle attività correnti mostra una traiettoria in costante aumento, indicando l'attenzione strategica dell'azienda nel migliorare le proprie risorse operative attraverso l'aumento delle scorte e dei crediti, pur mantenendo un approccio conservativo alla gestione della liquidità.

I crediti commerciali rappresentano costantemente la maggior parte dei crediti totali, mostrando un graduale aumento dal 2020 al 2022. Gli altri crediti, pur essendo

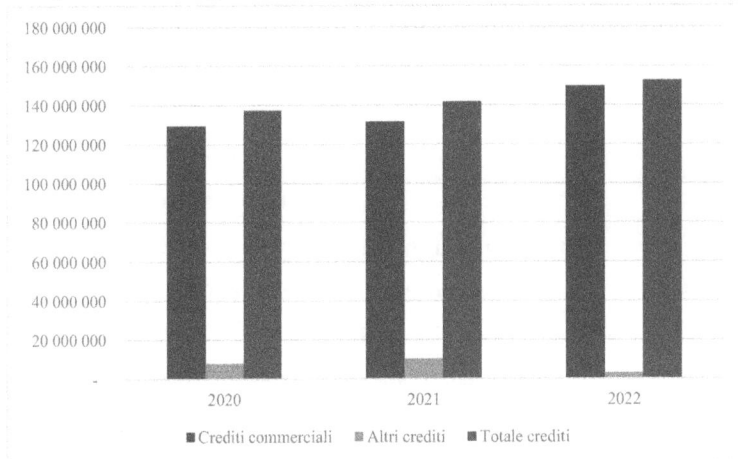

Grafico 11 Evoluzione dei crediti dell'azienda

Fonte: Elaborazione personale sulla base del bilancio dell'azienda

presenti, contribuiscono solo in minima parte ai crediti complessivi e rimangono relativamente stabili nei tre anni. Di conseguenza, i Crediti totali mostrano una tendenza costante all'aumento, guidata principalmente dall'incremento dei Crediti commerciali. Questo andamento suggerisce che la crescita dei crediti dell'azienda è in gran parte dovuta alle sue attività principali, con variazioni limitate nei crediti non commerciali.

Il ciclo economico svolge un ruolo fondamentale, in quanto le condizioni economiche generali possono influire sul ROA. Durante le recessioni, le aziende possono registrare un calo del ROA a causa della diminuzione della domanda e dei ricavi. La gestione dei costi è fondamentale per determinare il ROA, in quanto un controllo efficace dei costi operativi può migliorare significativamente questo indicatore, riflettendo un utilizzo ottimale delle risorse per generare profitti.

Aspetto	Somiglianze	Differenze
Focus sugli investimenti	Sia le immobilizzazioni che le attività correnti sono fondamentali per le operazioni e la crescita dell'azienda.	Le immobilizzazioni si concentrano sulle infrastrutture a lungo termine, mentre le attività correnti supportano le esigenze operative a breve termine.
Stabilità delle attività	Entrambi i tipi di attività contribuiscono alla stabilità patrimoniale e alla salute finanziaria complessiva.	L'attivo fisso mostra una crescita costante, mentre l'attivo corrente presenta alcune fluttuazioni e una stabilizzazione nel tempo.
Contributo al totale delle attività	Entrambi i tipi di attività svolgono un ruolo nella struttura patrimoniale complessiva dell'azienda.	Le immobilizzazioni, in particolare Altri impianti, attrezzature e mobili, rappresentano la parte più consistente del totale delle attività, mentre le attività correnti sono più diversificate e comprendono scorte e crediti.
Strategia di gestione	Entrambi richiedono una gestione strategica per ottimizzare il loro contributo al successo dell'azienda.	Le immobilizzazioni richiedono investimenti e pianificazione a lungo termine, mentre le attività correnti necessitano di

		una gestione efficiente a breve termine e del mantenimento della liquidità.
Impatto delle condizioni economiche	Entrambi sono influenzati dai cicli economici, che possono influire sulla performance complessiva dell'azienda.	Le immobilizzazioni sono più resistenti ai cambiamenti economici a breve termine, mentre le attività correnti, soprattutto i crediti, sono più sensibili alle fluttuazioni economiche.
Modelli di crescita	Entrambe le attività hanno registrato una crescita nel periodo analizzato.	L'attivo fisso è cresciuto costantemente ogni anno, mentre l'attivo corrente, in particolare i crediti, ha registrato un forte aumento e poi una stabilizzazione.
Ruolo nei rapporti finanziari	Entrambi hanno un impatto sugli indici finanziari come il ROA (Return on Assets).	Una gestione efficace dei costi e l'utilizzo degli asset hanno un impatto più diretto sul ROA, soprattutto attraverso le attività correnti.

Tabella 2 Analogie e differenze tra immobilizzazioni e attività correnti

Fonte: Elaborazione personale

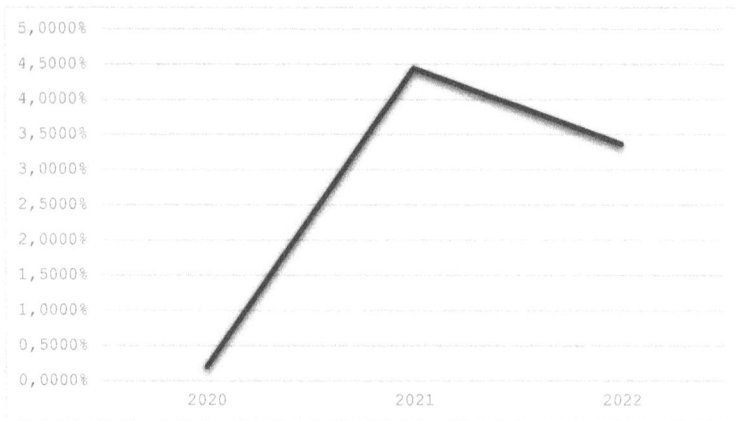

5,0000%			
4,5000%			
4,0000%			
3,5000%			
3,0000%			
2,5000%			
2,0000%			
1,5000%			
1,0000%			
0,5000%			
0,0000%	2020	2021	2022

Grafico 12 Evoluzione del ROA nel periodo analizzato

Fonte: Elaborazione personale basata sull'Allegato 4

Il grafico del ROA (Return on Assets) di Turism Felix S.A. mostra una significativa evoluzione della redditività degli asset nel periodo 2020-2022.

Nel 2020, il ROA è stato molto basso, vicino allo 0%, indicando grandi difficoltà nel generare profitti dalle attività. Questo è stato molto probabilmente una conseguenza diretta della pandemia di Covid-19, che ha colpito duramente il settore turistico e ha portato a un calo delle entrate.

Nel 2021, il ROA ha registrato un forte aumento, raggiungendo circa il 4,5%. Questa crescita significativa suggerisce una solida ripresa post-pandemia e una maggiore efficienza nell'utilizzo degli asset per generare profitti. Misure di gestione efficaci e l'ottimizzazione delle risorse interne hanno svolto un ruolo importante in questa ripresa.

Nel 2022, il ROA è leggermente diminuito a circa il 3,5%, ma è rimasto notevolmente superiore al livello del 2020. Questo calo potrebbe riflettere l'aumento delle spese operative e l'impatto di fattori esterni, come l'aumento dei costi energetici dovuto alla guerra in Ucraina. Tuttavia, il mantenimento di un ROA elevato indica una redditività costante e la capacità dell'azienda di adattarsi alle sfide esterne.

"Nel mondo degli affari, il fallimento è semplicemente un pulsante di reset, non un game over".

- Sconosciuto

Capitolo 4. Modello di rilevamento del rischio di bancarotta - Z-Score di Altman

Secondo (Achim & Borlea, 2012)la Romania ha due approcci principali per analizzare il rischio di fallimento: la legge fallimentare e la legge sull'insolvenza. La legge sull'insolvenza, attuata nel 2006 dopo l'adesione della Romania all'Unione Europea, è stata introdotta per sostituire la legge fallimentare, fornendo un quadro giuridico più chiaro e accessibile per gli agenti economici. Il rischio di insolvenza si riferisce alla potenziale incapacità di un'entità di far fronte agli obblighi finanziari assunti in precedenza o in corso, che sono essenziali per la continuità delle sue attività. Il processo di insolvenza è seguito da una procedura di riorganizzazione controllata dal tribunale e, se la stabilità non viene recuperata entro 60 giorni, l'entità entra in una procedura di fallimento. In questo contesto, il rischio di fallimento riflette la potenziale incapacità di far fronte agli impegni esistenti, che può avere un impatto significativo sulle operazioni in corso.

Il metodo Z-score è il metodo più comunemente utilizzato per valutare il rischio di bancarotta, riconosciuto nella letteratura specializzata e frequentemente applicato in vari studi accademici. Questo metodo deriva da una formula matematica e statistica che utilizza diversi indicatori finanziari, ponderati con determinate probabilità:

$$Z = 1,2X1 + 1,4X2 + 3,3X3 + 0,6X4 + 0,999X5$$

X1 = Capitale circolante / Totale attivo

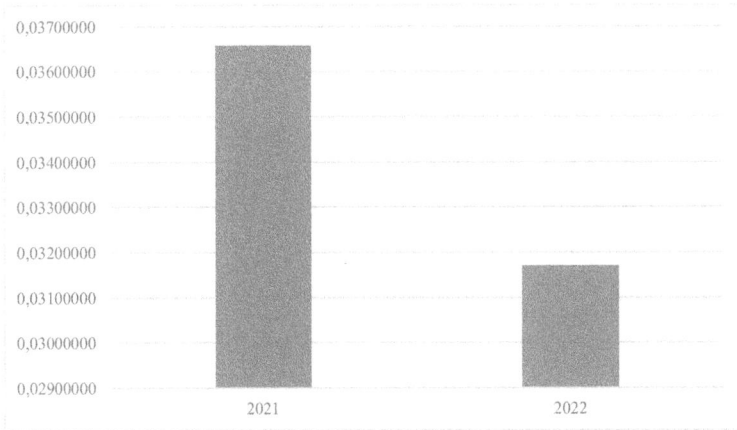

Grafico 13 Primo indicatore del Modello Altman

Fonte: Elaborazione personale basata sull'Allegato 3

X2 = Utili a nuovo / Totale attivo

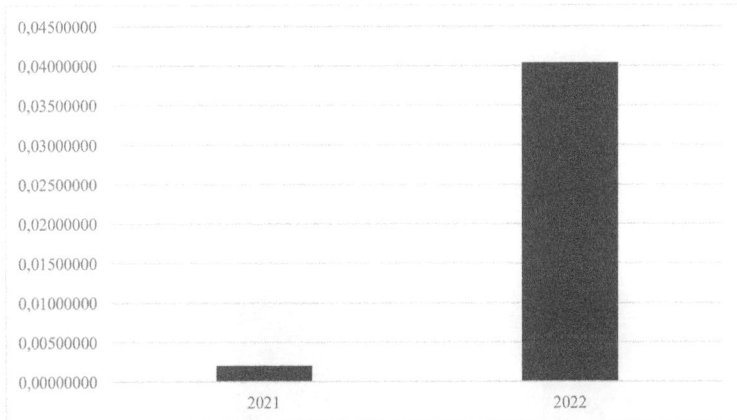

Grafico 14 Secondo indicatore del Modello Altman

Fonte: Elaborazione personale basata sull'Allegato 3

X3 = EBIT / Totale Attività

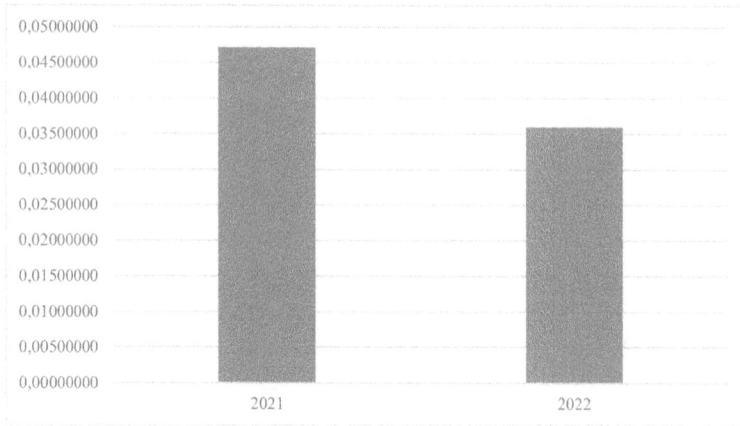

Grafico 15 Terzo indicatore del Modello Altman

Fonte: Elaborazione personale basata sull'Allegato 3

X4 = Valore di mercato del patrimonio netto / Valore contabile del totale delle passività

X5 = Vendite / Attività totali

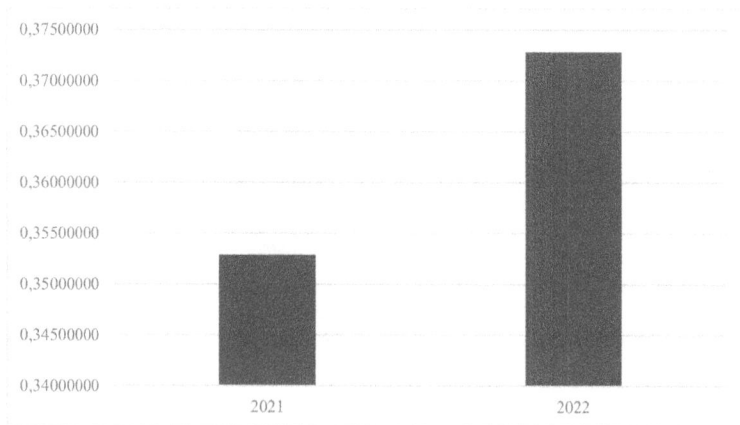

Grafico 16 Quarto indicatore del Modello Altman

Fonte: Elaborazione personale basata sull'Allegato 3

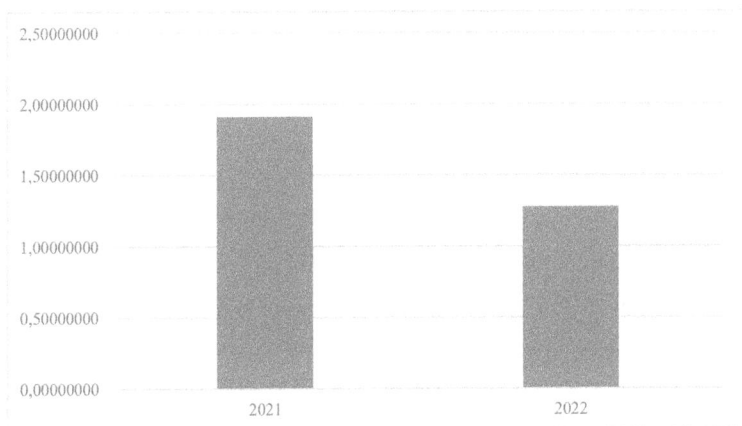

Grafico 17 Quinto indicatore del Modello di Altman

Fonte: Elaborazione personale basata sull'Allegato 3

Lo Z-score è stato inizialmente sviluppato dal professor Edward Altman nel 1977 per valutare il rischio di bancarotta delle aziende del settore americano.

All'epoca, ha previsto con successo alcuni dei maggiori fallimenti globali con diversi anni di anticipo. Nel corso del tempo, la metodologia si è evoluta, venendo adattata e applicata in vari settori e per diversi tipi di aziende.

Di conseguenza, altri modelli basati su questo punteggio inizialmente sviluppato sono stati costruiti e adattati meglio a ciascun paese specifico, anche nel contesto dell'economia rumena .

2021 vs. 2020

Secondo l'Allegato 3, nel 2021 il punteggio Z-Altman dell'azienda era di 1,70082223, indicando una posizione finanziaria vulnerabile e un elevato rischio di fallimento. Rispetto al 2020, questo punteggio riflette un leggero miglioramento della performance finanziaria dell'azienda. Questo miglioramento può essere attribuito a una gestione più efficiente degli asset e a un aumento della capacità di autofinanziamento. Tuttavia, il mantenimento di uno Z-score inferiore alla soglia di 1,8 sottolinea che l'azienda continua ad affrontare rischi significativi di insolvenza. Questa situazione rende necessaria l'attuazione di misure strategiche per aumentare la flessibilità finanziaria e ridurre il livello di indebitamento.

2022 vs. 2021

Nel 2022, il punteggio Z-Altman è sceso a 1,3491839, indicando un deterioramento della posizione finanziaria dell'azienda e un aumento del rischio di fallimento. Nonostante i notevoli miglioramenti nella capacità di autofinanziamento e nel rendimento delle attività, il calo complessivo dello Z-score suggerisce che l'azienda ha maggiori difficoltà a mantenere la stabilità finanziaria. Questo calo può essere attribuito all'aumento dei costi operativi e alla riduzione della redditività economica. La precaria situazione finanziaria evidenzia la necessità di misure urgenti per stabilizzare la performance finanziaria, come l'ottimizzazione dei costi e una migliore gestione del debito.

In conclusione, l'analisi del punteggio Z-Altman di Turism Felix S.A. tra il 2020 e il 2022 sottolinea la necessità di misure strategiche per migliorare la stabilità finanziaria e ridurre il rischio di fallimento. Nonostante alcuni miglioramenti specifici, il peggioramento dello Z-score nel 2022 suggerisce che l'azienda deve rivalutare le strategie di gestione degli asset e di ottimizzazione dei costi per garantire la continuità e la crescita a lungo termine.

Come abbiamo già visto, il tasso di capitale circolante è un elemento sostanziale dello Z-Score, che è incluso in X1.

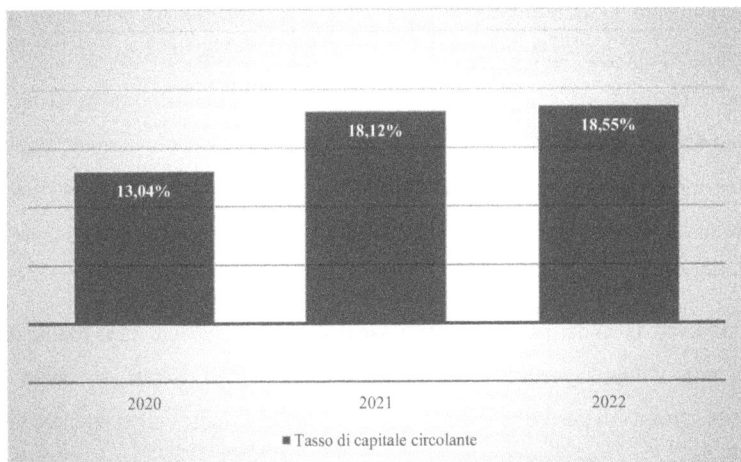

Grafico 18 Evoluzione del tasso di capitale circolante

Fonte: Elaborazioni personali

Il grafico illustra la progressione del tasso di capitale circolante della società dal 2020 al 2022. Il tasso di capitale circolante misura la capacità dell'azienda di gestire le attività e le passività a breve termine, indicando la liquidità e l'efficienza operativa.

Nel 2020, il tasso di capitale circolante era del 13,04%, il che suggerisce che l'azienda aveva un margine più ristretto per coprire gli obblighi a breve termine, il che potrebbe aver limitato la sua flessibilità finanziaria. Questo tasso relativamente più basso potrebbe essere dovuto a maggiori passività a breve termine o a livelli più bassi di attività correnti come liquidità e crediti.

Nel 2021, il tasso di capitale circolante è aumentato significativamente, raggiungendo il 18,12%. Questo miglioramento riflette probabilmente gli sforzi dell'azienda per rafforzare il proprio bilancio, probabilmente aumentando le attività correnti come le scorte o i crediti o riducendo le passività a breve termine. Questo cambiamento indica una posizione di liquidità più solida, che offre all'azienda una maggiore flessibilità nella gestione delle operazioni quotidiane e nella risposta alle richieste finanziarie.

43

Nel 2022, il tasso di capitale circolante è salito leggermente al 18,55%. La stabilità e il leggero aumento di questo tasso suggeriscono che l'azienda ha continuato a ottimizzare la gestione del capitale circolante. Ciò potrebbe essere dovuto agli sforzi sostenuti per una gestione più efficace dei crediti e dei debiti, o all'ulteriore rafforzamento della base di attività a breve termine. Il graduale aumento in questi anni riflette la costante attenzione dell'azienda a migliorare la propria liquidità, garantendo la possibilità di far fronte agli obblighi a breve termine e sostenendo al contempo le esigenze operative.

Nel complesso, la tendenza al rialzo del tasso di capitale circolante tra il 2020 e il 2022 indica uno sviluppo positivo della salute finanziaria dell'azienda, in quanto migliora la sua capacità di gestire le sfide finanziarie a breve termine e di mantenere la stabilità operativa.

Allo stesso modo, l'EBIT svolge un ruolo importante in questo modello e, utilizzandolo, un'azienda può dimostrare o adottare misure per prevenire il rischio di bancarotta.

Guardando l'Allegato 6, il grafico presenta diverse metriche finanziarie per gli anni 2020, 2021 e 2022, ma noi concentreremo la nostra attenzione in particolare sull'evoluzione dell'EBIT (Earnings Before Interest and Taxes).

L'EBIT mostra una chiara tendenza al rialzo nei tre anni, riflettendo i miglioramenti dell'efficienza operativa e della redditività dell'azienda. Nel 2020, l'EBIT era relativamente basso, il che indica che l'azienda potrebbe aver affrontato sfide o costi operativi più elevati in quel periodo. Nel 2021, tuttavia, si registra un notevole aumento dell'EBIT, che suggerisce un significativo miglioramento delle prestazioni operative, probabilmente dovuto a misure di riduzione dei costi, a un aumento dei ricavi o a entrambi. Questa tendenza positiva continua nel 2022, anche se con un tasso di crescita leggermente inferiore rispetto all'anno precedente, il che potrebbe indicare che, mentre l'azienda continua a migliorare le sue operazioni, il tasso di crescita si sta stabilizzando.

L'aumento costante dell'EBIT nel corso di questi anni evidenzia la crescente capacità dell'azienda di generare profitti, anche negli anni della pandemia, seguiti dalla guerra tra i due Paesi, Russia e Ucraina, dalle sue attività principali, prima della contabilizzazione degli interessi e delle imposte, indicando una forte gestione operativa e la salute finanziaria.

Analisi SWOT e proposte finali

Il metodo SWOT è il metodo più utilizzato per la diagnosi di un'organizzazione a livello mondiale.

Le prime due componenti (punti di forza e di debolezza) si riferiscono all'ambiente interno dell'entità economica e riflettono la sua condizione. Le due componenti successive (opportunità e minacce) si riferiscono all'ambiente esterno e riflettono l'impatto di questo ambiente sulle attività dell'entità economica. (Achim & Borlea, 2020)

Sulla base dei dati forniti dal Conto Economico (P&L) e dell'analisi dell'evoluzione della performance finanziaria, l'analisi SWOT per Turism Felix S.A. può essere strutturata come segue:

Punti di forza :

- L'azienda è tra le più importanti del settore turistico, specializzata in trattamenti di acque termali, e vanta una vasta esperienza in questo mercato.

- Una struttura di governance aziendale professionale le conferisce una solida reputazione nel settore.

- Il risultato lordo ha registrato una crescita impressionante nell'intero periodo analizzato, indicando una notevole performance finanziaria.

- Il fatturato netto è aumentato di oltre il 50% nel 2021, riflettendo l'espansione delle attività dell'azienda dopo la crisi pandemica.

- Anche la produzione venduta, come attività predominante, è aumentata di oltre la metà, indicando una domanda significativa per i servizi dell'azienda.

- I ricavi dalla vendita di beni sono aumentati più dei costi relativi ai beni, a testimonianza dell'efficienza operativa e della capacità dell'azienda di soddisfare le richieste e le preferenze dei clienti.

- La riduzione degli altri costi operativi ha avuto un'influenza positiva, portando a un risultato operativo molto più ampio rispetto all'inizio del nostro periodo di analisi.

- Fonti di reddito diversificate: l'azienda dispone di una gamma variegata di fonti di reddito, riducendo il rischio associato alla dipendenza da un'unica fonte di reddito.

- L'attenzione si è concentrata molto di più sull'attività finanziaria, con una graduale riduzione della perdita e la registrazione di un profitto da questa attività nel 2022.

Punti di debolezza :

- Dipendenza dal contesto economico: L'industria del turismo può essere sensibile ai cambiamenti economici e le fluttuazioni della domanda possono influire sui risultati finanziari dell'azienda.

- L'azienda ha registrato un calo significativo nella produzione di immobilizzazioni e investimenti immobiliari, con ricavi pari a zero nell'ultimo anno di analisi.

- I cambiamenti geopolitici, come la pandemia e lo scoppio della guerra in Ucraina, hanno portato a un aumento delle spese esterne, evidenziando la vulnerabilità del settore turistico agli eventi imprevisti.

- L'aumento significativo delle spese per stipendi e indennità nel 2021 è un aspetto cruciale che può influenzare i margini di profitto di Turism Felix S.A..

- Nell'ultimo anno del periodo di analisi, l'azienda sembra aver prestato meno attenzione alle sue attività principali, poiché i ricavi operativi non sono cresciuti allo stesso ritmo, e la maggior parte di essi è stata superata dall'aumento dei costi operativi.

Opportunità :

- La possibilità di continuare il trend di crescita delle attività finanziarie, dato che la società detiene una partecipazione del 30,33% nel capitale sociale di Turism Lotus Felix S.A..

- Potenziale di crescita del fatturato, considerando il suo significativo aumento a partire dal 2021.

- Diversificazione delle attività per stimolare altre fonti di reddito e adattarsi a tutti i cambiamenti del settore turistico.

- La collaborazione con altre aziende del settore può aprire nuove opportunità di sviluppo.

- Diversificare il portafoglio di prodotti o servizi, anche nei mercati internazionali, può attirare più clienti e quindi aumentare rapidamente i ricavi delle attività principali.

- Eventuali investimenti in tecnologie più avanzate per i trattamenti di balneoterapia possono portare molti vantaggi competitivi e un'elevata efficienza operativa.

Minacce :

- Il forte aumento degli interessi passivi può incidere sul risultato netto dell'azienda e deve essere gestito con attenzione, sebbene anche gli interessi attivi abbiano registrato un aumento significativo nel 2022.

- Con il continuo sviluppo del settore turistico rumeno, questo aspetto potrebbe aumentare la concorrenza, incidendo potenzialmente sulla quota di mercato dell'azienda.

- Situazioni impreviste, come lo scoppio della pandemia di Covid-19 nel 2020, possono imporre restrizioni ai viaggi, con evidenti ripercussioni negative sui ricavi e sulle performance aziendali.

- L'instabilità dei mercati finanziari o le fluttuazioni valutarie possono influire sui risultati finanziari e sui costi di finanziamento dell'azienda.

- Nel contesto sanitario post-pandemico, i rischi associati alla salute pubblica possono continuare a influenzare negativamente le attività e i ricavi dell'azienda.

- Cambiamenti legislativi imprevisti possono creare problemi per quanto riguarda le tasse e altre spese imposte dallo Stato.

- Data la forte dipendenza da alcuni fornitori locali, l'azienda è esposta a rischi quali ritardi nelle forniture o aumenti delle tariffe, con conseguente aumento delle spese.

Conclusioni

Turism Felix S.A. mantiene le sue prestazioni complessive a un livello ottimale, anche in presenza della pandemia di Covid-19 nel 2020 e dello scoppio della guerra in Ucraina nel 2022, che hanno avuto un impatto significativo sul settore turistico della Romania.

Il risultato netto è stato un profitto in tutti e tre gli anni della nostra analisi.

L'azienda ha ripreso le sue attività nel 2021, raggiungendo un valore di utile netto di quasi 10 milioni di RON superiore all'anno base. In quell'anno, gran parte dell'attività si è concentrata sulle operazioni, portando a un risultato netto sostanzialmente superiore.

Nel 2022, l'azienda si è concentrata maggiormente sugli aspetti finanziari, ma l'utile netto è diminuito di circa 2 milioni di lei. Ciò suggerisce chiaramente che le attività operative hanno avuto un'influenza primaria sull'evoluzione della performance finanziaria durante il periodo di analisi.

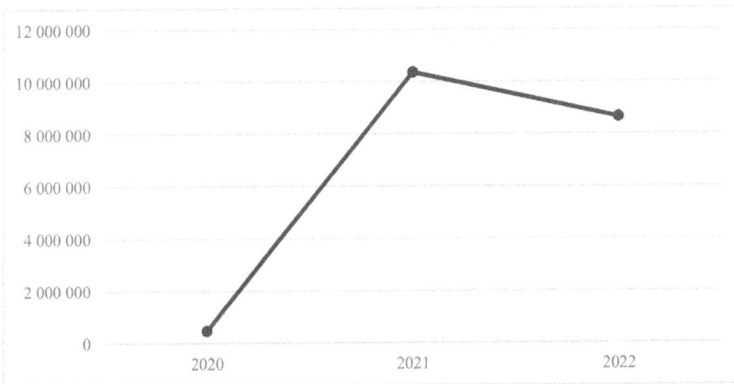

Grafico 19 Evoluzione dell'utile netto nel periodo analizzato

Fonte: Elaborazione personale

L'analisi della performance finanziaria di Turism Felix S.A. nel periodo 2020-2022 sottolinea l'importanza dell'adattabilità e della resilienza in un ambiente economico e geopolitico instabile. La capacità dell'azienda di adattarsi rapidamente a sfide importanti come la pandemia e la guerra in Ucraina è essenziale per la sopravvivenza e la crescita a lungo termine.

Strategie finanziarie solide sono fondamentali per mantenere la stabilità finanziaria. L'azienda deve continuare a ottimizzare la struttura dei costi e a gestire il debito in modo efficiente per affrontare le sfide economiche future.

Diversificare le fonti di reddito e i portafogli di prodotti è fondamentale per ridurre il rischio associato alla dipendenza da un unico flusso di reddito. L'esplorazione di nuovi mercati e lo sviluppo di prodotti innovativi attireranno segmenti di clientela diversi, anche internazionali.

La Responsabilità sociale d'impresa (RSI) è fondamentale per rafforzare le relazioni con clienti e partner, fornendo un vantaggio competitivo a lungo termine. Continuando a investire in iniziative di RSI, l'azienda manterrà una reputazione positiva e contribuirà allo sviluppo sostenibile della comunità.

Una governance aziendale efficace è fondamentale per il successo a lungo termine dell'azienda. Strutture di governance trasparenti ed efficienti, che promuovono un processo decisionale informato e responsabile, attireranno e manterranno la fiducia degli investitori e degli altri stakeholder.

Bibliografia

Achim, M. V., & Borlea, S. N. (2012). *Analiza financiară a entității economice*. Cluj-Napoca: Editura Risoprint.

Achim, M. e Borlea, S. (2013). *Corporate governance e performance aziendali. Approcci moderni nella nuova economia*. Germania: Lap Lambert Academic Publishing.

Achim, M., & Borlea, S. (2015). Sviluppo del punteggio ESG per valutare le performance non finanziarie delle aziende rumene. *Procedia Economics and Finance 32* , 1209 - 1224.

Achim, M. e Borlea, S. (2020). *Ghid pentru analiza-diagnostic a starii financiare*. Cluj-Napoca: Editura RISOPRINT.

Achim, M., Borlea, S., & Mare, C. (2016). Corporate Governance e performance aziendale: Evidenze per l'economia rumena. *Journal of Business Economics and Management*, 17:3, 458-474.

Achim, M., Muresan, G.-M., & Safta, I. (2022). *Le performance aziendali nel contesto pandemico*. Cluj-Napoca: Presa Universitară Clujeană.

Achim, M.-V., Borlea, S., & Gaban, L. (2016). Previsione del fallimento dal punto di vista degli investitori utilizzando gli indici finanziari: la lezione della Romania. *Economia e Management*, 117-133. Preluat de pe http://hdl.handle.net/11025/22058

Achim, V. M. (2017). *Analiză economico-financiară - Probleme și studii de caz*. Cluj-Napoca: RISOPRINT.

Balteș, N., & Pavel, R. (2021). Interdependența lichiditate-performanță financiară la societăți aparținând industriei HoReCa cotate la Bursa de Valori București. *ISCA*.

Bucarest, B. D. (2022). *Informazioni finanziarie*. Da BSE: https://www.bvb.ro/FinancialInstruments/Details/FinancialInstrumentsDetails.aspx?s=TUFE

Mihail, B., & Micu, C. (2021). L'influenza dei membri indipendenti del consiglio di amministrazione non esecutivi sulla performance finanziaria delle società quotate alla Borsa di Bucarest. *Journal of Risk and Financial Management*. doi:https://doi.org/10.3390/jrfm14100462

Mihail, B., Dumitrescu, D., Serban, D., Micu, C., & Lobda, A. (2021). Il ruolo delle relazioni con
gli investitori e della buona governance aziendale sulla performance aziendale nel caso
delle società quotate alla Borsa di Bucarest. *Journal of Risk and Financial Management.*
doi:https://doi.org/10.3390/jrfm14120569

Mironiuc, M., Robu, M.-A., & Robu, I.-B. (2012). Analisi dell'influenza dei fattori finanziari e
non finanziari sul rischio di fallimento. Ottenendo un modello deterministico per le imprese
quotate alla Borsa di Bucarest. *Revista Audit Financiar*, 13-23.

S.A, T. F. (2023). *Struttura proprietaria.* Da
https://www.turismfelix.eu/pag_rapoarte/TUFE_Structura_actionariat_05042023.pdf

S.A., T. F. (2021). *Presentazione di Tursim Felix.* Da
https://www.turismfelix.eu/pag_rapoarte/TUFE_Prezentare_TUFE_102021.pdf

S.A., T. F. (2023). *La governance aziendale.* Da https://www.sctfelix.ro/rapoarte/cv_actual.htm

S.A., T. F. (2023). *La struttura dell'azienda.* Da https://www.felixspa.com/ro/

Siminica, M., Circiumaru, D., Achim, M., Sichigea, M., Muresan, G.-M., Carstina, S., & Rus, A.
(2023). *Analiza financiară a companiilor listate la Bursa de Valori Bucureşti (perioada
2019-2021).* Bucuresti: Editura Economica.

Allegati

Allegato 1. Bilancio di Turism Felix S.A. (versione rumena)

BILANT	2020
A. ACTIVE IMOBILIZATE	
I. Imobilizari necorporale	
1. Cheltuieli de dezvoltare	
2. Concesiuni, brevete, licenţe, mărci comerciale, drepturi şi active similare şi alte imobilizări necorporale	411,578
3. Fond comercial	
4. Avansuri	
5. Active necorporale de explorare şi evaluare a resurselor minerale	
TOTAL:	411,578
II. Imobilizari corporale	
1. Terenuri şi construcţii	176,820,852
2. Instalaţii tehnice şi maşini	5,070,356
3. Alte instalaţii, utilaje şi mobilier	840,467
4. Investiţii imobiliare	348,490
5. Imobilizări corporale în curs de execuţie	5,422,541
6. Investiţii imobiliare în curs de execuţie	
7. Active corporale de explorare şi evaluare a resurselor minerale	
8. Plante productive	
9. Avansuri	7,955,457
TOTAL:	196,458,163
III. Active biologice productive	
IV. DREPTURI DE UTILIZARE A ACTIVELOR LUATE ÎN LEASING	
V. IMOBILIZĂRI FINANCIARE	
1. Acţiuni deţinute la filiale	
2. Împrumuturi acordate entităţilor din grup	
3. Acţiunile deţinute la entităţile asociate şi la entităţile controlate în comun	11,528,606
4. Împrumuturi acordate entităţilor asociate şi entităţilor controlate în comun	
5. Alte titluri imobilizate	
6. Alte împrumuturi	
TOTAL	11,528,606
ACTIVE IMOBILIZATE – TOTAL	208,398,347
B. ACTIVE CIRCULANTE	
I. STOCURI	
1. Materii prime şi materiale consumabile	1,211,515
2. Active imobilizate deţinute în vederea vânzării	
3. Producţia în curs de execuţie	
4. Produse finite şi mărfuri	260,761
5. Avansuri	
TOTAL	1,472,276
II. CREANŢE	
1. Creanţe comerciale	3,563,529
2. Avansuri plătite	0
3. Sume de încasat de la entităţile din grup	
4. Sume de încasat de la entităţile asociate şi entităţile controlate în comun	
5. Creanţe rezultate din operaţiunile cu instrumente derivate	
6. Alte creanţe	2,486,711
7. Capital subscris şi nevărsat	
8. Creanţe reprezentând dividende repartizate în cursul exerciţiului financiar	
TOTAL	6,050,240
III. INVESTIŢII PE TERMEN SCURT	1,542,551
IV. CASA ŞI CONTURI LA BĂNCI	6,002,594
ACTIVE CIRCULANTE – TOTAL	15,067,661
C. CHELTUIELI ÎN AVANS	169,000
Sume de reluat într-o perioadă de până la un an	169,000
Sume de reluat într-o perioadă mai mare de un an	

D. DATORII: SUMELE CARE TREBUIE PLATITE INTR-O PERIOADA DE PANA LA UN AN	
1. Împrumuturi din emisiunea de obligaţiuni, prezentându-se separat împrumuturile din emisiunea de obligaţiuni convertibile	
2. Sume datorate instituţiilor de credit	2,688,135
3. Avansuri încasate în contul comenzilor	
4. Datorii comerciale - furnizori	5,671,197
5. Efecte de comerţ de plătit	
6. Sume datorate entităţilor din grup	
7. Sume datorate entităţilor asociate şi entităţilor controlate în comun	
8. Datorii rezultate din operaţiunile cu instrumente derivate	
9. Alte datorii, inclusiv datoriile fiscale şi datoriile privind asigurările sociale	4,939,676
TOTAL	13,299,008
E. ACTIVE CIRCULANTE NETE/DATORII CURENTE NETE	-1,103,208
F. TOTAL ACTIVE MINUS DATORII CURENTE	207,295,139
G. DATORII: SUMELE CARE TREBUIE PLĂTITE ÎNTR-O PERIOADĂ MAI MARE DE UN AN	
1. Împrumuturi din emisiunea de obligaţiuni, prezentându-se separat împrumuturile din emisiunea de obligaţiuni convertibile	
2. Sume datorate instituţiilor de credit	
3. Avansuri încasate în contul comenzilor	
4. Datorii comerciale - furnizori	
5. Efecte de comerţ de plătit	
6. Sume datorate entităţilor din grup	
7. Sume datorate entităţilor asociate şi entităţilor controlate în comun	
8. Datorii rezultate din operaţiunile cu instrumente derivate	
9. Alte datorii, inclusiv datoriile fiscale şi datoriile privind asigurările sociale	11,805,934
TOTAL	11,805,934
H.PROVIZIOANE	
1. Provizioane pentru beneficiile angajaţilor	390,677
2. Alte provizioane	
TOTAL	390,677
I. VENITURI ÎN AVANS	
1. Subvenţii pentru investiţii	
Sume de reluat într-o perioadă de până la un an	
Sume de reluat într-o perioadă mai mare de un an	
2. Venituri înregistrate în avans	3,040,861
Sume de reluat într-o perioadă de până la un an	3,040,861
Sume de reluat într-o perioadă mai mare de un an	
3. Venituri în avans aferente activelor primite prin transfer de la clienţi	
Sume de reluat într-o perioadă de până la un an	
Sume de reluat într-o perioadă mai mare de un an	
TOTAL	3,040,861
J. CAPITAL ŞI REZERVE	
I. CAPITAL	
1. Capital subscris vărsat	49,614,946
2. Capital subscris nevărsat	
3. Capital subscris reprezentând datorii financiare	
4. Patrimoniul regiei	
5. Ajustări ale capitalului social/ patrimoniul regiei SOLD C	
SOLD D	
6. Alte elemente de capitaluri proprii SOLD C	
SOLD D	38,708,593
TOTAL	10,906,353
II. PRIME DE CAPITAL	
III. REZERVE DIN REEVALUARE	93,395,358
IV. REZERVE	
1. Rezerve legale	5,417,067
2. Rezerve statutare sau contractuale	
3. Alte rezerve	62,288,875
TOTAL	67,705,942
Diferenţe de curs valutar din conversia situaţiilor financiare anuale individuale într-o monedă de prezentare diferită de moneda funcţională SOLD C	
SOLD D	
Acţiuni proprii	1,978,887
Câştiguri legate de instrumentele de capitaluri proprii	
Pierderi legate de instrumentele de capitaluri proprii	
V. REZULTAT REPORTAT, CU EXCEPŢIA REZULTATULUI REPORTAT PROVENIT DIN ADOPTAREA PENTRU PRIMA DATA A IAS 29 SOLD C	24,613,570
SOLD D	
VI. REZULTAT REPORTAT PROVENIT DIN ADOPTAREA PENTRU PRIMA DATA A IAS 29 SOLD C	
SOLD D	
VII. PROFITUL SAU PIERDEREA LA SFÂRŞITUL PERIOADEI DE RAPORTARE SOLD C	462,885
SOLD D	
Repartizarea profitului	6,693
J. CAPITALURI PROPRII – TOTAL	195,098,528
Patrimoniul privat	
Patrimoniul public	
CAPITALURI - TOTAL	195,098,528

BILANT	2021
A. ACTIVE IMOBILIZATE	
I. Imobilizari necorporale	
1. Cheltuieli de dezvoltare	
2. Concesiuni, brevete, licențe, mărci comerciale, drepturi și active similare și alte imobilizări necorporale	262,264
3. Fond comercial	
4. Avansuri	
5. Active necorporale de explorare și evaluare a resurselor minerale	
TOTAL:	262,264
II. Imobilizari corporale	
1. Terenuri și construcții	171,353,820
2. Instalații tehnice și mașini	5,126,823
3. Alte instalații, utilaje și mobilier	530,903
4. Investiții imobiliare	281,752
5. Imobilizări corporale în curs de execuție	10,243,650
6. Investiții imobiliare în curs de execuție	
7. Active corporale de explorare și evaluare a resurselor minerale	
8. Plante productive	
9. Avansuri	10,370,693
TOTAL:	197,907,641
III. Active biologice productive	
IV. DREPTURI DE UTILIZARE A ACTIVELOR LUATE ÎN LEASING	
V. IMOBILIZĂRI FINANCIARE	
1. Acțiuni deținute la filiale	
2. Împrumuturi acordate entităților din grup	
3. Acțiunile deținute la entitățile asociate și la entitățile controlate în comun	13,373,183
4. Împrumuturi acordate entităților asociate și entităților controlate în comun	
5. Alte titluri imobilizate	
6. Alte împrumuturi	
TOTAL	13,373,183
ACTIVE IMOBILIZATE – TOTAL	211,543,088
B. ACTIVE CIRCULANTE	
I. STOCURI	
1. Materii prime și materiale consumabile	1,474,060
2. Active imobilizate deținute în vederea vânzării	
3. Producția în curs de execuție	
4. Produse finite și mărfuri	394,173
5. Avansuri	
TOTAL	1,868,233
II. CREANȚE	
1. Creanțe comerciale	747,567
2. Avansuri plătite	16,556
3. Sume de încasat de la entitățile din grup	1,814,340
4. Sume de încasat de la entitățile asociate și entitățile controlate în comun	
5. Creanțe rezultate din operațiunile cu instrumente derivate	
6. Alte creanțe	2,439,492
7. Capital subscris și nevărsat	
8. Creanțe reprezentând dividende repartizate în cursul exercițiului financiar	
TOTAL	5,017,955
III. INVESTIȚII PE TERMEN SCURT	1,451,905
IV. CASA ȘI CONTURI LA BĂNCI	12,943,892
ACTIVE CIRCULANTE – TOTAL	21,281,985
C. CHELTUIELI ÎN AVANS	246,796
Sume de reluat într-o perioadă de până la un an	246,796
Sume de reluat într-o perioadă mai mare de un an	

D. DATORII: SUMELE CARE TREBUIE PLATITE INTR-O PERIOADA DE PANA LA UN AN	
1. Împrumuturi din emisiunea de obligaţiuni, prezentându-se separat împrumuturile din emisiunea de obligaţiuni convertibile	
2. Sume datorate instituţiilor de credit	0
3. Avansuri încasate în contul comenzilor	1,526,075
4. Datorii comerciale - furnizori	5,218,712
5. Efecte de comerţ de plătit	
6. Sume datorate entităţilor din grup	262,408
7. Sume datorate entităţilor asociate şi entităţilor controlate în comun	
8. Datorii rezultate din operaţiunile cu instrumente derivate	
9. Alte datorii, inclusiv datoriile fiscale şi datoriile privind asigurările sociale	5,995,421
TOTAL	13,002,616
E. ACTIVE CIRCULANTE NETE/DATORII CURENTE NETE	8,526,165
F. TOTAL ACTIVE MINUS DATORII CURENTE	220,069,253
G. DATORII: SUMELE CARE TREBUIE PLĂTITE ÎNTR-O PERIOADĂ MAI MARE DE UN AN	
1. Împrumuturi din emisiunea de obligaţiuni, prezentându-se separat împrumuturile din emisiunea de obligaţiuni convertibile	
2. Sume datorate instituţiilor de credit	
3. Avansuri încasate în contul comenzilor	
4. Datorii comerciale - furnizori	
5. Efecte de comerţ de plătit	
6. Sume datorate entităţilor din grup	
7. Sume datorate entităţilor asociate şi entităţilor controlate în comun	
8. Datorii rezultate din operaţiunile cu instrumente derivate	
9. Alte datorii, inclusiv datoriile fiscale şi datoriile privind asigurările sociale	11,487,314
TOTAL	11,487,314
H.PROVIZIOANE	
1. Provizioane pentru beneficiile angajaţilor	1,229,103
2. Alte provizioane	
TOTAL	1,229,103
I. VENITURI ÎN AVANS	
1. Subvenţii pentru investiţii	0
Sume de reluat într-o perioadă de până la un an	0
Sume de reluat într-o perioadă mai mare de un an	
2. Venituri înregistrate în avans	0
Sume de reluat într-o perioadă de până la un an	0
Sume de reluat într-o perioadă mai mare de un an	
3. Venituri în avans aferente activelor primite prin transfer de la clienţi	
Sume de reluat într-o perioadă de până la un an	
Sume de reluat într-o perioadă mai mare de un an	
TOTAL	0
J. CAPITAL ŞI REZERVE	
I. CAPITAL	
1. Capital subscris vărsat	49,130,671
2. Capital subscris nevărsat	
3. Capital subscris reprezentând datorii financiare	
4. Patrimoniul regiei	
5. Ajustări ale capitalului social/ patrimoniul regiei SOLD C	
SOLD D	
6. Alte elemente de capitaluri proprii SOLD C	
SOLD D	36,808,906
TOTAL	12,321,765
II. PRIME DE CAPITAL	
III. REZERVE DIN REEVALUARE	91,206,345
IV. REZERVE	
1. Rezerve legale	5,529,177
2. Rezerve statutare sau contractuale	
3. Alte rezerve	62,745,066
TOTAL	68,274,243
Diferenţe de curs valutar din conversia situaţiilor financiare anuale individuale într-o monedă de prezentare diferită de moneda funcţională SOLD C	
SOLD D	
Acţiuni proprii	47,499
Câştiguri legate de instrumentele de capitaluri proprii	
Pierderi legate de instrumentele de capitaluri proprii	1,447,113
V. REZULTAT REPORTAT, CU EXCEPŢIA REZULTATULUI REPORTAT PROVENIT DIN ADOPTAREA PENTRU PRIMA DATA A IAS 29 SOLD C	
SOLD D	26,802,583
VI. REZULTAT REPORTAT PROVENIT DIN ADOPTAREA PENTRU PRIMA DATA A IAS 29 SOLD C	
SOLD D	
VII. PROFITUL SAU PIERDEREA LA SFÂRŞITUL PERIOADEI DE RAPORTARE SOLD C	10,354,622
SOLD D	
Repartizarea profitului	112,110
J. CAPITALURI PROPRII – TOTAL	207,352,836
Patrimoniul privat	
Patrimoniul public	
CAPITALURI - TOTAL	207,352,836

BILANT	2022
A. ACTIVE IMOBILIZATE	
I. Imobilizari necorporale	
1. Cheltuieli de dezvoltare	
2. Concesiuni, brevete, licențe, mărci comerciale, drepturi și active similare și alte imobilizări necorporale	282,433
3. Fond comercial	
4. Avansuri	
5. Active necorporale de explorare și evaluare a resurselor minerale	
TOTAL:	282,433
II. Imobilizari corporale	
1. Terenuri și construcții	173,029,301
2. Instalații tehnice și mașini	4,817,661
3. Alte instalații, utilaje și mobilier	1,535,007
4. Investiții imobiliare	218,121
5. Imobilizări corporale în curs de execuție	26,754,444
6. Investiții imobiliare în curs de execuție	0
7. Active corporale de explorare și evaluare a resurselor minerale	
8. Plante productive	
9. Avansuri	11,431,596
TOTAL:	217,786,130
III. Active biologice productive	
IV. DREPTURI DE UTILIZARE A ACTIVELOR LUATE ÎN LEASING	
V. IMOBILIZĂRI FINANCIARE	
1. Acțiuni deținute la filiale	
2. Împrumuturi acordate entităților din grup	
3. Acțiunile deținute la entitățile asociate și la entitățile controlate în comun	15,409,904
4. Împrumuturi acordate entităților asociate și entităților controlate în comun	
5. Alte titluri imobilizate	
6. Alte împrumuturi	
TOTAL	15,409,904
ACTIVE IMOBILIZATE – TOTAL	233,478,467
B. ACTIVE CIRCULANTE	
I. STOCURI	
1. Materii prime și materiale consumabile	1,145,231
2. Active imobilizate deținute în vederea vânzării	
3. Producția în curs de execuție	
4. Produse finite și mărfuri	448,073
5. Avansuri	
TOTAL	1,593,304
II. CREANȚE	
1. Creanțe comerciale	159,444
2. Avansuri plătite	497,206
3. Sume de încasat de la entitățile din grup	2,194,723
4. Sume de încasat de la entitățile asociate și entități controlate în comun	
5. Creanțe rezultate din operațiunile cu instrumente derivate	
6. Alte creanțe	2,305,283
7. Capital subscris și nevărsat	
8. Creanțe reprezentând dividende repartizate în cursul exercițiului financiar	
TOTAL	5,156,656
III. INVESTIȚII PE TERMEN SCURT	1,132,631
IV. CASA ȘI CONTURI LA BĂNCI	15,054,777
ACTIVE CIRCULANTE – TOTAL	22,937,368
C. CHELTUIELI ÎN AVANS	196,554
Sume de reluat într-o perioadă de până la un an	196,554
Sume de reluat într-o perioadă mai mare de un an	

D. DATORII: SUMELE CARE TREBUIE PLATITE INTR-O PERIOADA DE PANA LA UN AN	
1. Împrumuturi din emisiunea de obligaţiuni, prezentându-se separat împrumuturile din emisiunea de obligaţiuni convertibile	
2. Sume datorate instituţiilor de credit	
3. Avansuri încasate în contul comenzilor	1,531,123
4. Datorii comerciale - furnizori	7,682,666
5. Efecte de comerţ de plătit	
6. Sume datorate entităţilor din grup	1,755
7. Sume datorate entităţilor asociate şi entităţilor controlate în comun	
8. Datorii rezultate din operaţiunile cu instrumente derivate	
9. Alte datorii, inclusiv datoriile fiscale şi datoriile privind asigurările sociale	5,735,237
TOTAL	14,950,781
E. ACTIVE CIRCULANTE NETE/DATORII CURENTE NETE	8,133,855
F. TOTAL ACTIVE MINUS DATORII CURENTE	241,612,322
G. DATORII: SUMELE CARE TREBUIE PLĂTITE ÎNTR-O PERIOADĂ MAI MARE DE UN AN	
1. Împrumuturi din emisiunea de obligaţiuni, prezentându-se separat împrumuturile din emisiunea de obligaţiuni convertibile	9,937,431
2. Sume datorate instituţiilor de credit	
3. Avansuri încasate în contul comenzilor	
4. Datorii comerciale - furnizori	
5. Efecte de comerţ de plătit	
6. Sume datorate entităţilor din grup	
7. Sume datorate entităţilor asociate şi entităţilor controlate în comun	
8. Datorii rezultate din operaţiunile cu instrumente derivate	
9. Alte datorii, inclusiv datoriile fiscale şi datoriile privind asigurările sociale	12,109,099
TOTAL	22,046,530
H.PROVIZIOANE	
1. Provizioane pentru beneficiile angajaţilor	1,545,188
2. Alte provizioane	
TOTAL	1,545,188
I. VENITURI ÎN AVANS	
1. Subvenţii pentru investiţii	0
Sume de reluat într-o perioadă de până la un an	0
Sume de reluat într-o perioadă mai mare de un an	
2. Venituri înregistrate în avans	49,286
Sume de reluat într-o perioadă de până la un an	49,286
Sume de reluat într-o perioadă mai mare de un an	
3. Venituri în avans aferente activelor primite prin transfer de la clienţi	
Sume de reluat într-o perioadă de până la un an	
Sume de reluat într-o perioadă mai mare de un an	
TOTAL	49,286
J. CAPITAL ŞI REZERVE	
I. CAPITAL	
1. Capital subscris vărsat	49,118,796
2. Capital subscris nevărsat	
3. Capital subscris reprezentând datorii financiare	
4. Patrimoniul regiei	
5. Ajustări ale capitalului social/ patrimoniul regiei SOLD C	
SOLD D	
6. Alte elemente de capitaluri proprii SOLD C	
SOLD D	34,768,861
TOTAL	14,349,935
II. PRIME DE CAPITAL	
III. REZERVE DIN REEVALUARE	89,148,844
IV. REZERVE	
1. Rezerve legale	5,645,018
2. Rezerve statutare sau contractuale	
3. Alte rezerve	72,987,579
TOTAL	78,632,597
Diferenţe de curs valutar din conversia situaţiilor financiare anuale individuale într-o monedă de prezentare diferită de moneda funcţională SOLD C	
SOLD D	
Acţiuni proprii	0
Câştiguri legate de instrumentele de capitaluri proprii	
Pierderi legate de instrumentele de capitaluri proprii	0
V. REZULTAT REPORTAT, CU EXCEPŢIA REZULTATULUI REPORTAT PROVENIT DIN ADOPTAREA PENTRU PRIMA DATA A IAS 29 SOLD C	27,369,155
SOLD D	0
VI. REZULTAT REPORTAT PROVENIT DIN ADOPTAREA PENTRU PRIMA DATA A IAS 29 SOLD C	
SOLD D	
VII. PROFITUL SAU PIERDEREA LA SFÂRŞITUL PERIOADEI DE RAPORTARE SOLD C	8,635,913
SOLD D	
Repartizarea profitului	115,840
J. CAPITALURI PROPRII – TOTAL	218,020,604
Patrimoniul privat	
Patrimoniul public	
CAPITALURI - TOTAL	218,020,604

Allegato 2. Conto economico di Turism Felix S.A. (versione rumena)

Denumire element	2020
Cifra de afaceri netă	53,825,459
- din care, cifra de afaceri netă corespunzătoare activității preponderente efectiv desfășurate	33,891,433
Producția vândută	33,891,433
Venituri din vânzarea mărfurilor	19,934,026
Reduceri comerciale acordate	
Venituri din subvenții de exploatare aferente cifrei de afaceri	
Venituri aferente costului producției în curs de ëxecuție SOLD C	42,510
SOLD D	0
Venituri din producția de imobilizări și investiții imobiliare	32,982
Venituri din producția de imobilizări necorporale și corporale	32,982
Venituri din producția de investiții imobiliare	
Venituri din activele imobilizate (sau grupurile destinate cedării) deținute în vederea vânzării	
Castiguri din evaluarea activelor detinute in vederea vanzarii	
Venituri din cedarea activelor deținute în vederea vânzării	
Venituri din reevaluarea imobilizărilor	
Venituri din investiții imobiliare	
Venituri din active biologice și produse agricole	
Venituri din subvenții de exploatare	
Alte venituri din exploatare, din care:	454,659
venituri din subvenții pentru investiții	
câștiguri din cumpărări în condiții avantajoase	
VENITURI DIN EXPLOATARE - TOTAL	54,355,610
a) Cheltuieli cu materiile prime și materialele consumabile	2,331,001
Alte cheltuieli materiale	310,440
b) Alte cheltuieli externe (cu energie și apă)	6,538,191
din care, cheltuieli privind consumul de energie	5,919,009
cheltuieli privind consumul de gaze naturale	
c) Cheltuieli privind mărfurile	6,894,751
Reduceri comerciale primite	17,367
Cheltuieli cu personalul, din care:	22,432,524
a) Salarii și indemnizații	21,875,635
b) Cheltuieli privind asigurările și protecția socială	556,889
a) Ajustări de valoare privind imobilizările	6,552,004
a.1) Cheltuieli cu amortizările și ajustările pentru depreciere	6,552,004
a.2) Cheltuieli cu amortizarea activelor aferente drepturilor de utilizare a activelor luate în leasing	
a.3) Venituri	
b) Ajustări de valoare privind activele circulante	5,098
b.1) Cheltuieli	46,720
b.2) Venituri	41,622
Alte cheltuieli de exploatare	8,280,126
1. Cheltuieli privind prestațiile externe	5,437,424
2. Cheltuieli cu alte impozite, taxe și vărsăminte asimilate; cheltuieli reprezentând transferuri și contribuții datorate în baza unor acte normative speciale	2,561,790
3. Cheltuieli cu protecția mediului înconjurător	
4. Cheltuieli legate de activele imobilizate (sau grupurile destinate cedării) deținute în vederea vânzării	
Pierderi din evaluarea activelor detinute in vederea vanzarii	
Cheltuieli cu cedarea activelor detinute in vederea vanzarii	
5. Cheltuieli din reevaluarea imobilizărilor	
6. Cheltuieli privind investițiile imobiliare	
7. Cheltuieli privind activele biologice	
8. Cheltuieli privind calamitățile și alte evenimente similare	
9. Alte cheltuieli	280,912
Ajustări privind provizioanele	-338,862
Cheltuieli	420,446
Venituri	759,308
CHELTUIELI DE EXPLOATARE – TOTAL	52,987,906
PROFITUL SAU PIERDEREA DIN EXPLOATARE:	
Profit	1,367,704
Pierdere	0

Venituri din acțiuni deținute la filiale	
Venituri din acțiuni deținute la entități asociate	
Venituri din acțiuni deținute la entități asociate și entități controlate în comun	
Venituri din operațiuni cu titluri și alte instrumente financiare	
Venituri din operațiuni cu instrumente derivate	
Venituri din diferențe de curs valutar	70,654
Venituri din dobânzi	3,313
din care, veniturile obținute de la entitățile din grup	
Venituri din subvenții de exploatare pentru dobânda datorată	
Venituri din investiții financiare pe termen scurt	119,879
Venituri din amânarea încasării peste termenele normale de creditare	
Alte venituri financiare	
VENITURI FINANCIARE – TOTAL	193,846
Ajustări de valoare privind imobilizările financiare și investițiile financiare deținute ca active circulante	
Cheltuieli	
Venituri	
Cheltuieli privind operațiunile cu titluri și alte instrumente financiare	656,393
Cheltuieli privind operațiunile cu instrumente derivate	
Cheltuieli privind dobânzile	33,397
din care, cheltuielile în relația cu entitățile din grup	
Cheltuieli cu amânarea plății peste termenele normale de creditare	
Cheltuieli privind dobânzile aferente contractelor de leasing	
Alte cheltuieli financiare	218,105
CHELTUIELI FINANCIARE – TOTAL	907,895
PROFITUL SAU PIERDEREA FINANCIAR(Ă):	
Profit	0
Pierdere	714,049
VENITURI TOTALE	54,549,456
CHELTUIELI TOTALE	53,895,801
PROFITUL SAU PIERDEREA BRUT(Ă):	
Profit	653,655
Pierdere	0
Impozitul pe profit curent	57,284
Impozitul pe profit amânat	
Venituri din impozitul pe profit amânat	
Cheltuieli cu impozitul pe profit, determinate de incertitudinile legate de tratamente fiscale	
Cheltuieli cu impozitul pe profit rezultat din decontările în cadrul grupului fiscal în domeniul impozitului pe profit	
Venituri din impozitul pe profit rezultat din decontările în cadrul grupului fiscal în domeniul impozitului pe profit	
Impozitul specific unor activități	133,486
Alte impozite neprezentate la elementele de mai sus	
PROFITUL SAU PIERDEREA NET(Ă) A PERIOADEI DE RAPORTARE:	
Profit	462,885
Pierdere	0

Denumire element	2021
Cifra de afaceri netă	82,241,715
- din care, cifra de afaceri netă corespunzătoare activității preponderente efectiv desfășurate	52,181,575
Producția vândută	52,181,575
Venituri din vânzarea mărfurilor	30,060,140
Reduceri comerciale acordate	
Venituri din subvenții de exploatare aferente cifrei de afaceri	
Venituri aferente costului producției în curs de execuție SOLD C	90,940
SOLD D	
Venituri din producția de imobilizări și investiții imobiliare	6,578
Venituri din producția de imobilizări necorporale și corporale	6,578
Venituri din producția de investiții imobiliare	
Venituri din active imobilizate (sau grupurile destinate cedării) deținute în vederea vânzării	
Castiguri din evaluarea activelor detinute in vederea vanzarii	
Venituri din cedarea activelor deținute în vederea vânzării	
Venituri din reevaluarea imobilizărilor	
Venituri din investiții imobiliare	
Venituri din active biologice și produse agricole	
Venituri din subvenții de exploatare	3,417,248
Alte venituri din exploatare, din care:	610,400
venituri din subvenții pentru investiții	
câștiguri din cumpărări în condiții avantajoase	
VENITURI DIN EXPLOATARE - TOTAL	86,366,881
a) Cheltuieli cu materiile prime și materialele consumabile	3,094,960
Alte cheltuieli materiale	1,121,308
b) Alte cheltuieli externe (cu energie și apă)	8,626,562
din care, cheltuieli privind consumul de energie	7,589,208
cheltuieli privind consumul de gaze naturale	
c) Cheltuieli privind mărfurile	9,586,304
Reduceri comerciale primite	5,356
Cheltuieli cu personalul, din care:	33,971,891
a) Salarii și indemnizații	33,255,161
b) Cheltuieli privind asigurările și protecția socială	716,730
a) Ajustări de valoare privind imobilizările	7,800,436
a.1) Cheltuieli cu amortizările și ajustările pentru depreciere	7,800,436
a.2) Cheltuieli cu amortizarea activelor aferente drepturilor de utilizare a activelor luate în leasing	
a.3) Venituri	
b) Ajustări de valoare privind activele circulante	954,833
b.1) Cheltuieli	1,024,159
b.2) Venituri	69,326
Alte cheltuieli de exploatare	9,408,723
1. Cheltuieli privind prestațiile externe	6,626,262
2. Cheltuieli cu alte impozite, taxe și vărsăminte asimilate; cheltuieli reprezentând transferuri și contribuții datorate în baza unor acte normative speciale	2,625,611
3. Cheltuieli cu protecția mediului înconjurător	
4. Cheltuieli legate de activele imobilizate (sau grupurile destinate cedării) deținute în vederea vânzării	
Pierderi din evaluarea activelor detinute in vederea vanzarii	
Cheltuieli cu cedarea activelor detinute in vederea vanzarii	
5. Cheltuieli din reevaluarea imobilizărilor	
6. Cheltuieli privind investițiile imobiliare	
7. Cheltuieli privind activele biologice	
8. Cheltuieli privind calamitățile și alte evenimente similare	
9. Alte cheltuieli	156,850
Ajustări privind provizioanele	838,426
Cheltuieli	1,229,103
Venituri	390,677
CHELTUIELI DE EXPLOATARE – TOTAL	75,398,087
PROFITUL SAU PIERDEREA DIN EXPLOATARE:	
Profit	10,968,794
Pierdere	0

Venituri din acțiuni deținute la filiale	
Venituri din acțiuni deținute la entități asociate	
Venituri din acțiuni deținute la entități asociate și entități controlate în comun	
Venituri din operațiuni cu titluri și alte instrumente financiare	
Venituri din operațiuni cu instrumente derivate	
Venituri din diferențe de curs valutar	63,517
Venituri din dobânzi	15,097
din care, veniturile obținute de la entitățile din grup	
Venituri din subvenții de exploatare pentru dobânda datorată	
Venituri din investiții financiare pe termen scurt	40,751
Venituri din amânarea încasării peste termenele normale de creditare	
Alte venituri financiare	138,211
VENITURI FINANCIARE – TOTAL	257,576
Ajustări de valoare privind imobilizările financiare și investițiile financiare deținute ca active circulante	
Cheltuieli	
Venituri	
Cheltuieli privind operațiunile cu titluri și alte instrumente financiare	231,638
Cheltuieli privind operațiunile cu instrumente derivate	
Cheltuieli privind dobânzile	42,106
din care, cheltuielile în relația cu entitățile din grup	
Cheltuieli cu amânarea plății peste termenele normale de creditare	
Cheltuieli privind dobânzile aferente contractelor de leasing	
Alte cheltuieli financiare	14,504
CHELTUIELI FINANCIARE – TOTAL	288,248
PROFITUL SAU PIERDEREA FINANCIAR(Ă):	
Profit	0
Pierdere	30,672
VENITURI TOTALE	86,624,457
CHELTUIELI TOTALE	75,686,335
PROFITUL SAU PIERDEREA BRUT(Ă):	
Profit	10,938,122
Pierdere	0
Impozitul pe profit curent	422,130
Impozitul pe profit amânat	
Venituri din impozitul pe profit amânat	
Cheltuieli cu impozitul pe profit, determinate de incertitudinile legate de tratamente fiscale	
Cheltuieli cu impozitul pe profit rezultat din decontarile in cadrul grupului fiscal in domeniul impozitului pe profit	
Venituri din impozitul pe profit rezultat din decontarile in cadrul grupului fiscal in domeniul impozitului pe profit	
Impozitul specific unor activități	161,370
Alte impozite neprezentate la elementele de mai sus	
PROFITUL SAU PIERDEREA NET(Ă) A PERIOADEI DE RAPORTARE:	
Profit	10,354,622
Pierdere	0

Denumire element	2022
Cifra de afaceri netă	95,678,402
- din care, cifra de afaceri netă corespunzătoare activității preponderente efectiv desfășurate	60,005,880
Producția vândută	60,005,880
Venituri din vânzarea mărfurilor	35,672,522
Reduceri comerciale acordate	
Venituri din subvenții de exploatare aferente cifrei de afaceri	
Venituri aferente costului producției în curs de execuție SOLD C	141,038
SOLD D	
Venituri din producția de imobilizări și investiții imobiliare	
Venituri din producția de imobilizări necorporale și corporale	
Venituri din producția de investiții imobiliare	
Venituri din active imobilizate (sau grupurile destinate cedării) deținute în vederea vânzării	0
Castiguri din evaluarea activelor detinute in vederea vanzarii	
Venituri din cedarea activelor deținute în vederea vânzării	
Venituri din reevaluarea imobilizărilor	
Venituri din investiții imobiliare	
Venituri din active biologice și produse agricole	
Venituri din subvenții de exploatare	2,597,352
Alte venituri din exploatare, din care:	150,553
venituri din subvenții pentru investiții	
câștiguri din cumpărări în condiții avantajoase	
VENITURI DIN EXPLOATARE - TOTAL	98,567,345
a) Cheltuieli cu materiile prime și materialele consumabile	3,937,736
Alte cheltuieli materiale	1,391,221
b) Alte cheltuieli externe (cu energie și apă)	15,068,366
din care, cheltuieli privind consumul de energie	13,919,032
cheltuieli privind consumul de gaze naturale	0
c) Cheltuieli privind mărfurile	11,842,149
Reduceri comerciale primite	7,357
Cheltuieli cu personalul, din care:	38,365,949
a) Salarii și indemnizații	37,566,126
b) Cheltuieli privind asigurările și protecția socială	799,823
a) Ajustări de valoare privind imobilizările	7,670,785
a.1) Cheltuieli cu amortizările și ajustările pentru depreciere	7,670,785
a.2) Cheltuieli cu amortizarea activelor aferente drepturilor de utilizare a activelor luate în leasing	
a.3) Venituri	
b) Ajustări de valoare privind activele circulante	-5,487
b.1) Cheltuieli	5,309
b.2) Venituri	10,796
Alte cheltuieli de exploatare	11,075,008
1. Cheltuieli privind prestațiile externe	7,974,526
2. Cheltuieli cu alte impozite, taxe și vărsăminte asimilate; cheltuieli reprezentând transferuri și contribuții datorate în baza unor acte normative speciale	2,926,960
3. Cheltuieli cu protecția mediului înconjurător	
4. Cheltuieli legate de activele imobilizate (sau grupurile destinate cedării) deținute în vederea vânzării	
Pierderi din evaluarea activelor detinute in vederea vanzarii	
Cheltuieli cu cedarea activelor detinute in vederea vanzarii	
5. Cheltuieli din reevaluarea imobilizărilor	
6. Cheltuieli privind investițiile imobiliare	
7. Cheltuieli privind activele biologice	
8. Cheltuieli privind calamitățile și alte evenimente similare	
9. Alte cheltuieli	173,522
Ajustări privind provizioanele	321,097
Cheltuieli	1,373,101
Venituri	1,052,004
CHELTUIELI DE EXPLOATARE – TOTAL	89,659,467
PROFITUL SAU PIERDEREA DIN EXPLOATARE:	
Profit	8,907,878
Pierdere	0

Venituri din acţiuni deţinute la filiale	
Venituri din acţiuni deţinute la entităţi asociate	
Venituri din acţiuni deţinute la entităţi asociate şi entităţi controlate în comun	
Venituri din operaţiuni cu titluri şi alte instrumente financiare	
Venituri din operaţiuni cu instrumente derivate	
Venituri din diferenţe de curs valutar	92,998
Venituri din dobânzi	90,718
din care, veniturile obţinute de la entităţile din grup	
Venituri din subvenţii de exploatare pentru dobânda datorată	
Venituri din investiţii financiare pe termen scurt	130,016
Venituri din amânarea încasării peste termenele normale de creditare	
Alte venituri financiare	234,383
VENITURI FINANCIARE – TOTAL	548,115
Ajustări de valoare privind imobilizările financiare şi investiţiile financiare deţinute ca active circulante	
Cheltuieli	
Venituri	
Cheltuieli privind operaţiunile cu titluri şi alte instrumente financiare	155,924
Cheltuieli privind operaţiunile cu instrumente derivate	
Cheltuieli privind dobânzile	55,982
din care, cheltuielile în relaţia cu entităţile din grup	
Cheltuieli cu amânarea plăţii peste termenele normale de creditare	
Cheltuieli privind dobânzile aferente contractelor de leasing	
Alte cheltuieli financiare	83,476
CHELTUIELI FINANCIARE – TOTAL	295,382
PROFITUL SAU PIERDEREA FINANCIAR(Ă):	
Profit	252,733
Pierdere	0
VENITURI TOTALE	99,115,460
CHELTUIELI TOTALE	89,954,849
PROFITUL SAU PIERDEREA BRUT(Ă):	
Profit	9,160,611
Pierdere	0
Impozitul pe profit curent	372,647
Impozitul pe profit amânat	
Venituri din impozitul pe profit amânat	
Cheltuieli cu impozitul pe profit, determinate de incertitudinile legate de tratamente fiscale	
Cheltuieli cu impozitul pe profit rezultat din decontarile în cadrul grupului fiscal în domeniul impozitului pe profit	
Venituri din impozitul pe profit rezultat din decontarile în cadrul grupului fiscal în domeniul impozitului pe profit	
Impozitul specific unor activităţi	152,051
Alte impozite neprezentate la elementele de mai sus	
PROFITUL SAU PIERDEREA NET(Ă) A PERIOADEI DE RAPORTARE:	
Profit	8,635,913
Pierdere	0

Allegato 3. Modello di rilevazione del rischio di bancarotta - Z-Score di Altman (versione

Modelul Altman	2021	2022
X1 - flexibilitatea firmei (CL/AB)	0,03658170	0,03169705
X2 - rata autofinantarii activelor totale (PRI/AB)	0,00198602	0,04035122
X3 - rata rentabilitatii economice (EBIT/AB)	0,04711091	0,03591640
X4 - capacitatea de indatorare (CSV/DT)	1,91028454	1,27277855
X5 - randamentul activelor (CAN/AB)	0,35285989	0,37285184
Scorul Z-Altman (Z=1,2X1 + 1,4X2 + 3,3X3 + 0,6X4 + 0,999X5)	1,70082223	1,34919839

rumena)

Allegato 4. Analisi dei fattori determinanti del ROA

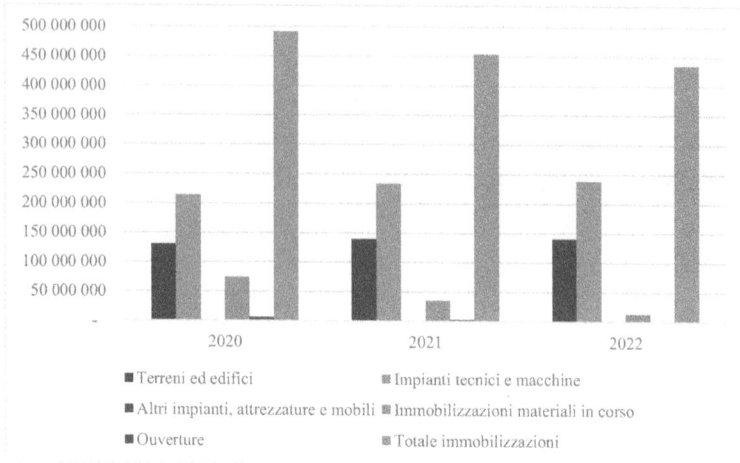

■ Terreni ed edifici ■ Impianti tecnici e macchine
■ Altri impianti, attrezzature e mobili ■ Immobilizzazioni materiali in corso
■ Ouverture ■ Totale immobilizzazioni

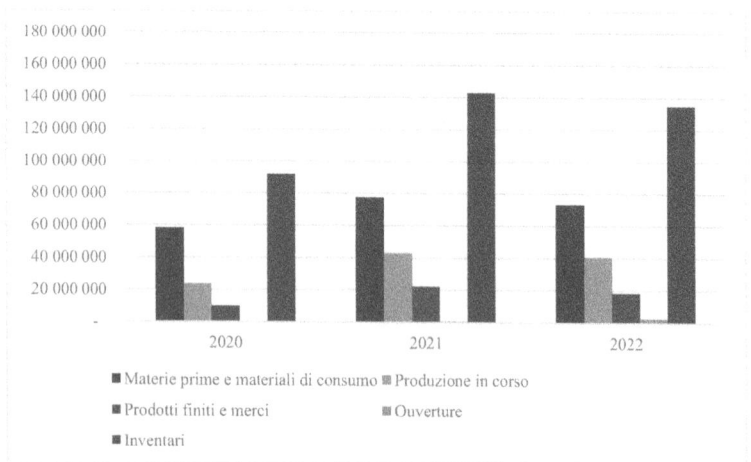

■ Materie prime e materiali di consumo ■ Produzione in corso
■ Prodotti finiti e merci ■ Ouverture
■ Inventari

Allegato 5. Altre analisi sul bilancio

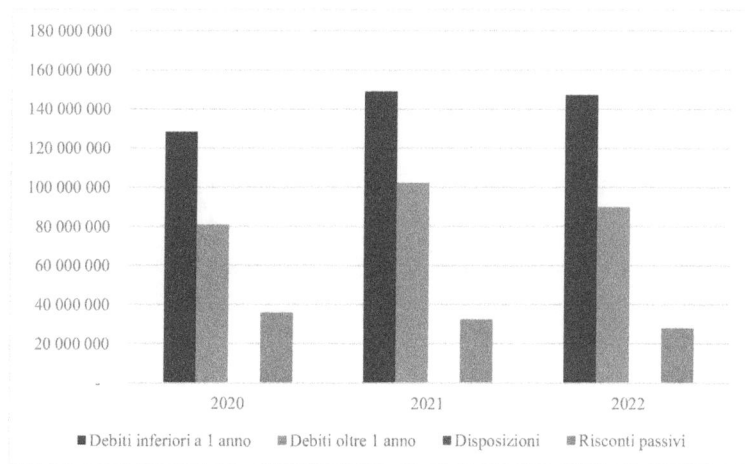

Debiti inferiori a 1 anno Debiti oltre 1 anno Disposizioni Risconti passivi

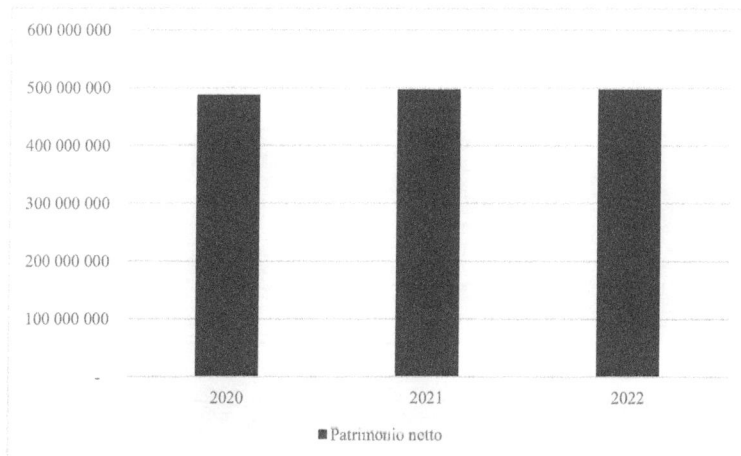

Patrimonio netto

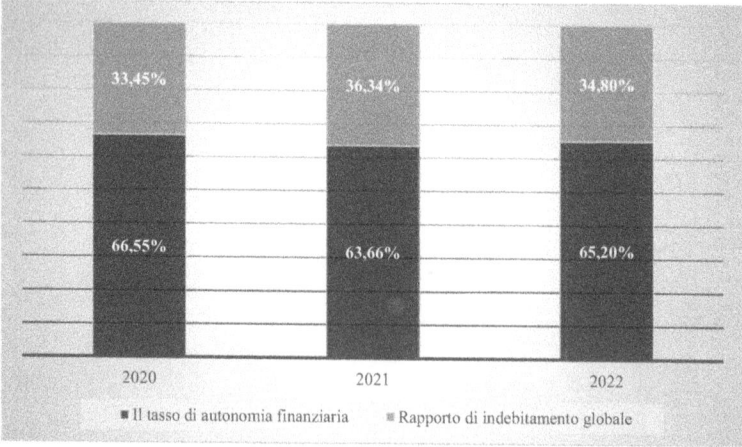

	2020	2021	2022
	33,45%	36,34%	34,80%
	66,55%	63,66%	65,20%

■ Il tasso di autonomia finanziaria   ■ Rapporto di indebitamento globale

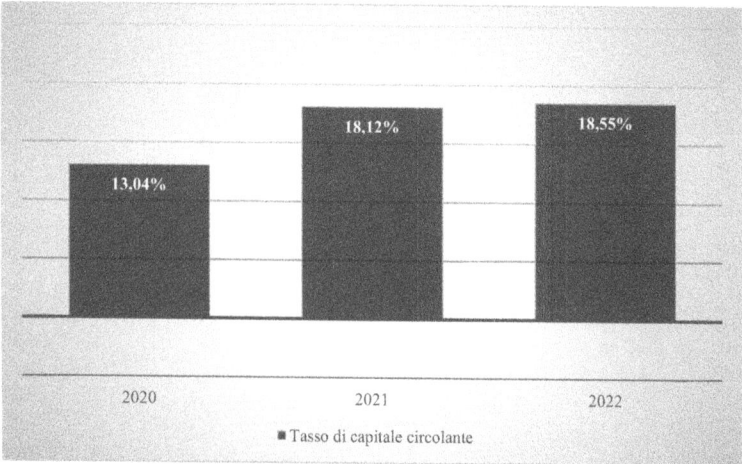

	2020	2021	2022
	13,04%	18,12%	18,55%

■ Tasso di capitale circolante

Allegato 6. Altre analisi del Conto economico

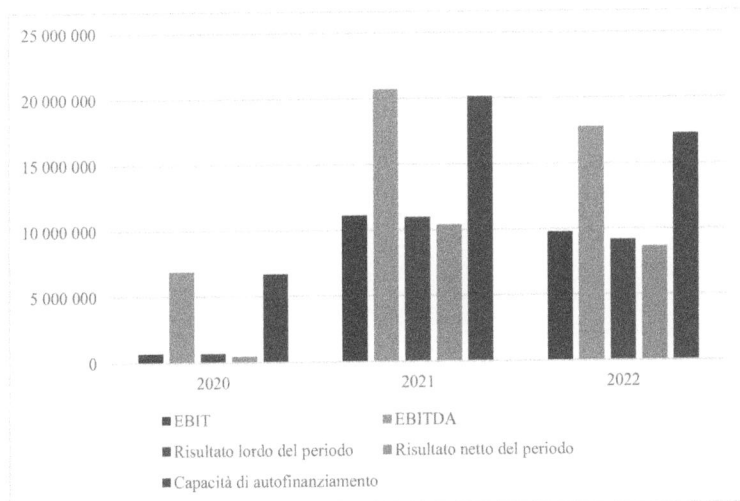

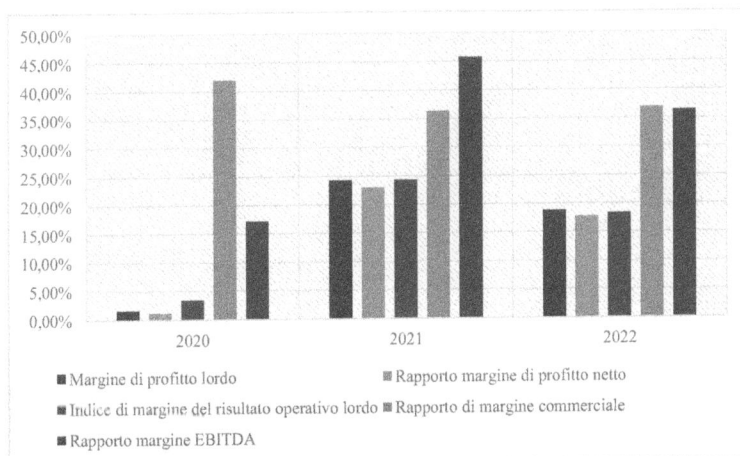

Milton Keynes UK
Ingram Content Group UK Ltd.
UKHW030143051224
452010UK00001B/187

9 786208 325671